서양인 교사 윌리엄 길모어,
서울을 걷다 1894

COREA OF TO-DAY

BUDDHIST MONKS

T. NELSON AND SONS
London, Edinburgh, and New York

1894

012
그들이 본 우리
Korean Heritage Books

서양인 교사 윌리엄 길모어,

서울을 걷다
1894

14개의 주제로 보는 1894년의 조선

윌리엄 길모어 지음 | 이복기 옮김

살림

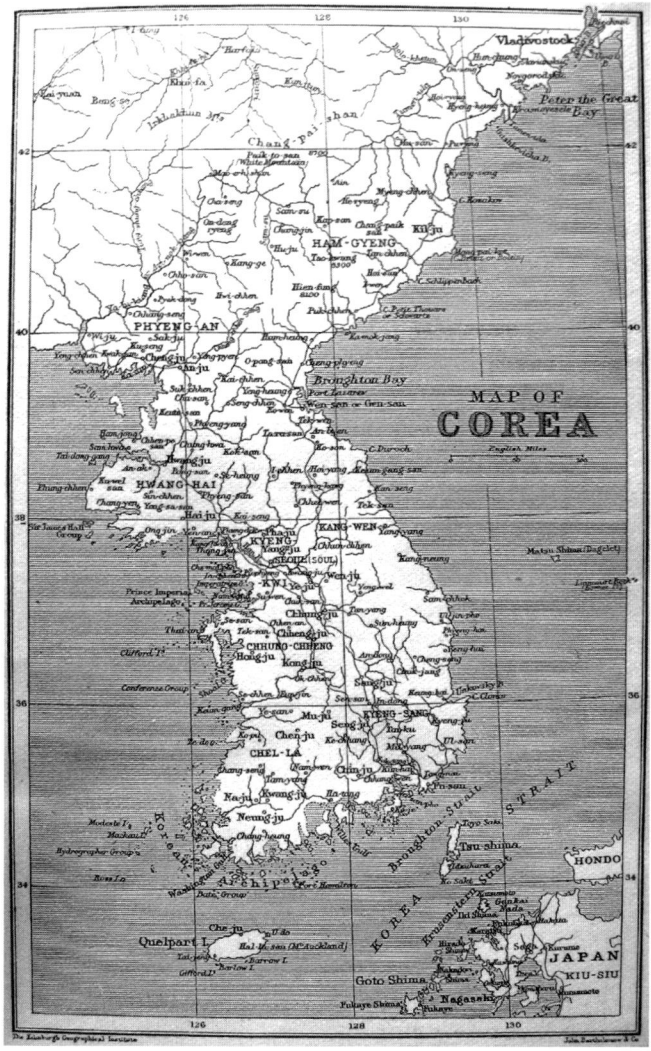

한국의 지도.

발간사
'그들이 본 우리' — 상호 교류와 소통을 위한 실측 작업

우리는 개화기 이후 일방적으로 서구문화를 수용해왔습니다. 지금 세계는 문화의 일방적 흐름이 극복되고 다문화주의가 자리 잡는 등 세계화라는 다른 물결 속에 있습니다. 이제 우리가 주체적으로 우리의 문화를 타자에게 소개함에 있어 진정한 의미에서의 상호 소통을 통한 상호 이해가 필요함은 주지의 사실입니다. 그리고 타자와 소통하기 위한 첫걸음은 그들의 시선에 비친 자신의 모습에 대한 진지한 탐색입니다. 번역은 바로 상호 교류를 통해 자신의 정체성을 확보하기 위한 작업이며, 이는 당대의 문화공동체, 국가공동체 경영을 위해 중요한 과제 중의 하나입니다. 우리가 타자에게 한 걸음 다가가기 위해서는 타자와 우리의 거리를 정확히 인식하여 우리의 보폭을 조절해야 합니다. 그런 의미에서 서구가 바라보았던 우리 근대의 모습을 '번역'을 통해 되새기는 것은 서로의 거리감을 확인하면서 동시에 서로에게 다가가기 위한 과정입니다.

한국문학번역원이 발간해 온 〈그들이 본 우리〉 총서는 바로 교류와 소통의 집을 짓기 위한 실측 작업입니다. 이 총서에는 서양인이 우리를 인식하고 표현하기 시작한 16세기부터 20세기 중엽까지의 우리의 모습이 그들의 '렌즈'에 포착되어 기록되어 있습니다. 그들이 묘사한 우리의 모습을 지금 다시 읽는다는 것에는 이중의 의미가 있습니다. 우선 우리는 그들이 묘사한 우리의 근대화 과정을 통해 과거의 우리를 확인할 수 있습니다. 하지만 이 작업은 다른 면에서 지금의 우리가 과거의 우리를 바라보는 깨어 있는 시선에 대한 요청이기도 합니다. 지금의 우리와 지난 우리의 거리를 간파할 때, 우리가 서 있는 현재의 입지에 대한 자각이 생긴다고 할 수 있습니다. 이런 의미에서 이 총서는 시간상으로 과거와 현재, 공간상으로 이곳과 그곳의 자리를 이어주는 매개물입니다.

이 총서를 통해 소개되는 도서는 명지대-LG연암문고가 수집한 만여 점의 고서 및 문서, 사진 등에서 엄선되었습니다. 한국문학번역원은 2005년 전문가들로 도서선정위원회를 구성하고 많은 논의를 거쳐 상호 이해에 기여할 서양 고서들을 선별하였으며, 이제

소중한 자료들이 번역을 통해 일반인들에게 다가감으로써 우리의 문화와 학문의 지평을 넓혀줄 것으로 기대합니다. 한국문학번역원은 이 총서의 발간을 통해 정체성 확립과 세계화 구축을 동시에 이루고자 합니다. 우리 문학을 알리고 전파하는 일을 핵심으로 하는 한국문학번역원은 이제 외부의 시선을 포용함으로써 상호 이해와 소통이 현실적으로 가능하도록 더욱 노력하겠습니다.

끝으로 이 총서가 세상에 나오게 힘써주신 여러분들께 감사드립니다. 특히 명지학원 유영구 이사장님과 명지대-LG연암문고 관계자들, 도서 선정에 참여하신 명지대 정성화 교수님을 비롯한 여러 선생님들, 번역자 여러분들, 그리고 출판을 맡은 살림출판사에 감사드립니다.

2009년 5월
한국문학번역원장 김주연

차례

발간사 • 5

1. 여행자를 위한 가이드 • 10
2. 행정 체계 • 18
3. 서울 이야기 • 27
4. 관리 선발 이야기 • 37
5. 한국 사람들 • 45
6. 결혼과 여성의 일상 • 54
7. 관습 • 63
8. 복식 • 72
9. 놀이와 왕의 행차 • 79
10. 종교 생활 • 89
11. 농업, 광업, 제조업 • 98
12. 진보를 위한 몸부림 • 109
13. 한국을 둘러싼 국제 정세 • 115
14. 한국에서의 선교 활동 • 123

역자 후기 • 127

1. 여행자를 위한 가이드

필자가 한 대학 친구에게 한국에 갈 의사를 전하자 친구가 대답했다. "아시아 동쪽 해안 어딘가에 그런 나라가 있다는 희미한 기억은 있는데, 확실한 위치는 지도를 보고 알아봐야겠다." 지리적인 기억이 아주 흐릿한 경우는 종종 있다. 사람들이 한 장소에 대해 '막연한 생각'만 갖고 있는 경우가 많으니, 한국의 지리적 위치에 대해 한두 마디 첨언한다고 큰 일탈이 되지는 않는다고 생각한다.

한국으로 가는 경로를 설명하면 그 나라의 지리적 위치가 더 명확해질 것이다. 한국에 가는 최단 행로는 이렇다. 우선 미대륙을 가로질러 샌프란시스코나 밴쿠버로 간다. 밴쿠버에서 배를 탄 다음, 거의 똑바로 서쪽으로 항해하면 일본의 요코하마 항에 당도한다. 그리고 증기선을 타고 일본 내륙을 통과하면, 아시아 대륙의 동쪽 해안에서 남동쪽으로 튀어나와 있는 반도에 도달한다. 이 반도가 우리가 말하고 있는 나라이다. 캐나다에서 바라보면 일본 바로 뒤쪽에 위치하고 있다.

한국, 또는 그곳 주민들이 부르는 대로 '조용한 아침의 나라'라는 뜻의 조선(이곳의 왕은 "일만 섬들의 군주이다")은 외국인들이 자국의 경계 안으로 들어오는 문을 마지막으로 연 국가이다. 자신들의 영토에서 모든 외국인들을 배격하기 위해서 해안에 난파한 선원들을 감옥에 수감까지 하였다. 그들을 통해서 자신들에 대한 소문이 새 나가 다른 나라들이 약탈하거나 정복하려는 일을 막기 위해서였다. 하지만 이제는 사실상 전 세계가 서구 문명에 문을 열었다. 외국인들을 배격하는 독립 국가는 하나도 없다. 물론 티베트는 여전히 호기심 많은 관광객들의 방문에 민감하지만, 그곳은 단지 중국의 작은 구석을 차지하고 있는 지역일 뿐이다.

한국이 세계에 문을 열었을 때, 많은 사람들은 이곳 사람들의 행동이 야만적이고 거칠며 험악할 것이라고 예상했다. 하지만 그렇게 생각한 사람들은 한국인들이 예상과 다르고, 일본과 인도를 포함한 동양의 어느 나라에서도 외국인들이 이 나라에서처럼 진심과 친절함으로 환영받고, 훌륭한 대우를 받지는 못하리라는 사실을 알게 되면 분명히 깜짝 놀랄 것이다! 어느 방문객이 수도의 북적이는 거리를 걷게 된다고 해도, 우리나라 도시의 대로에서처럼 전력을 다해 사람들을 밀치며 걷거나 가장자리로 걸을 필요가 없다. 또 거의 대부분의 한국인들은 외국인들이 다가오는 모습을 보면 비켜서서 길을 양보하는데, 그는 이런 모습을 보고 놀랄 것이다. 이런 행동은 공포나 경멸 때문이 아니다. 이런 행동은 한국 사람들에게는 예의의 표시이다. 한국 사람들은 외국인을 자기 나라에 온 손님으로 생각하고 손님을 마땅히 존중해야 한다고 생각한다. 왕이 공식적인 행차를 할 때면, 그것을 구경하려고 군중이 모여들어 여섯이나 여덟 겹의 줄이 늘어선다. 그럴 때에도 "외국인이 있다!"라는 소리가 들리면 그 운 좋은 사람을 위해 통로가 생기고, 그 사람은 아무런 불평 소리도 듣지 않고 군중을 통과해 맨 앞자리까지 걸어 나가게 된다.

  이 나라의 모든 백성들이 그렇게도 예의바르고 극진한 성품을 지녔다면, 어떻게 8년 전까지 지속되었던 고립 정책을 설명할 수 있을까 하는 의문이 떠오른다. 한국에 대한 종주권을 주장하는 중국인들의 체류를 거부하고, 간혹 이 나라를 방문한 중국 왕실의 사신마저 최소의 수행원만을 대동하도록 만들었던 정책을 말이다. 다른 많은 질문들처럼 이 질문에 대한 대답은 중국과 일본 사이에 있는 반도라는 지정학적 위치에서 찾아야 한다.

한국의 역사는 유별나게 변화무쌍하다. 이 나라의 역사를 추적해 보면, 북쪽에서는 중국이 남쪽에서는 일본이 자주 침략했음을 알 수 있다. 간혹 일정 기간 동안 이 나라를 자기 영토로 편입시키기도 했던 중국이 지금도 계속해서 그 종속을 유지하려 시도하고 있으며, 이번 세기 후반부터는 일본이 자기 나라의 일부라고 주장하고 있다. 때때로 100만 정도의 무리들이 중국에서 밀물처럼 몰려와 폐허로 만들고 떠나면, 이번에는 남쪽에서 강하고 용맹한 일본의 병사들이 자기 나라의 북쪽에 위치한 한반도를 황폐화했다 (오늘날 일본 병사들보다 더 뛰어난 싸움꾼은 없다). 이뿐만이 아니다. 서로에 대한 적대감이 극심하던 일본과 중국이 한국 땅에서 서로 전쟁을 일삼았다. 여기에 더해, 일본 연안과 섬에 근거지를 둔 해적들이 출몰했다. 그들은 한국의 해안을 도륙하고 마을을 불태우면서 주민들을 지속적인 공포 상태에 빠뜨렸다. 한국 사람들이 어떻게 생각했을지 자명한 일이다. "몽골족에서 기원하여 머리카락이 곧고 검으며 옆으로 째진 눈에 황색 피부를 지닌 우리 사촌들도 마을을 불태우고 영토를 약탈하며 사람들을 죽이고 붙잡아 갔다.

이런 마당에 우리가 서방의 야만인들에게서 무엇을 바랄 수 있겠는가? 우리는 아무도 받아들이지 않겠다." 그래서 이 은자의 나라는 모든 교섭을 거부하고 자국에 대한 소식이 외부 세계에 알려지는 것을 최대한 막으면서, 고립된 채로 한정된 자원에만 의존해서 만족하며 지냈다. 19세기 후반에 서방 국가들과 조약을 체결하기 전까지는 말이다.

물론 1876년 일본과 조약이 체결되었을 때, 한국이 항구를 개방하는 쪽으로 나아갔음을 잊어서는 안 된다. 일본은 이 조약을 통해 반도에 대한 권리를 완전히 포기하고 한국을 독립적인 자매국가로 인정하였다. 조약의 주요한 의미는 한국이 일본과 무역을 하기 위해 항구 하나를 개방하였다는 점이다. 이 조치를 통해 은둔 상태는 끝났다. 다른 국가들도 동일한 조치가 쉽게 받아들여지기를 기대하면서 접근할 길이 열렸다. 1882년에는 미국과 조약 체결을 위한 협상이 진행되었다. 영국, 러시아, 이탈리아 그리고 프랑스가 뒤를 이었다. 은둔자의 나라는 이제 더는 은둔하지 않았다.

무심한 여행자에게 한반도는 일본처럼 매력적이지 않다. 여행자들은 아름다운 삼나무 숲에 자리한 흥미로운 사원을 이 나라에서는 발견하지 못할 것이다. 멋진 계곡에서 장관을 연출하는 신사도 없고, 여행객이 머물고 싶게 유혹하는 숲도 거의 없다. 눈을 즐겁게 하고 지갑을 열게 만드는 예술품 공방도 없다. 수도 인근 지역의 숲은 벌거벗은 상태이다. 나무와 풀로 된 망토가 벗겨져 버린 산은 작열하는 태양과 휩쓰는 빗줄기에 노출되어 있다. 산의 황량한 부분은 한여름 홍수가 만든 물길들로 골이 파이고 갈라져 있다.

해안을 따라 항해할 때도, 일본의 내륙해를 지날 때와 같은 세련되고 아름다운 광경은 보이지 않는다. 오로지 황량한 작은 산, 울퉁불퉁한 바위, 후미진 어촌 마을에 흩어져 있는 낮은 오두막집만 보인다. 이 집들은 거의 1미터나 되는 파도가 진흙으로 덮인 넓은 평지와 해초에 뒤덮인 황량한 바위만 남기고 씻어가 버린 외로운 해변에 모여 있다. 해변은 바위가 많고 위험한 모래톱과 고르지 않은 바위로 둘러싸여 있다.

발랄한 상상력을 소유한 사람이나 한국이 강도짓이나 사업을 통해 재산을 모으고자 하는 사람들이 방문할 만한 나라라고 생각할 것이다. 한국에 가는 사람은 자원이 전혀 없는 나라를 보게 되리라고 예상해야 한다. 이곳 사람들은 게으르고 열정이 없어 보인다. 도시와 마을들은 비위생적이고 가정은 우호적이지 않아 보인다. 여행자보다는 길게 체류하는 사람이, 매력적인 모습이 겉으로 드러나는 것을 보게 될 것이다.

일본을 지나칠 때마다 감각을 매혹하는 것들을 보게 된다. 그곳에는 흥미로운 얼굴, 아름다운 복장, 깔끔한 집, 정성스럽게 짓는 농업, 희한한 나무, 활기, 기지와 우아함이 넘쳐 난다. 또한 일본 사람들의 천성적인 상냥함이 이 모든 것들에 또 하나의 매력을 추가한다. 그러나 한국에서는 사람들의 얼굴이 멍해 보이고, 복장은 단조로우며, 집은 가난하고 장식이 없고, 농업은 등한시되고 있으며, 조경은 귀족들의 무덤에 조악하게 시도된 경우를 제외하면 아예 신경 쓸 대상도 아닌 것으로 보인다. 그리고 사람들은 멍청해 보이고, 재미가 없으며, 입을 헤벌린 채로 낯선 광경을 바라보고, 때때로 타고난 생각마저도 없는 것처럼 보인다. 한국은 명백하게 여행자를 위한 나라가 아니다.

물리적인 형상으로 보면, 한국은 일본을 매우 닮았다. 낮은 산이 아주 많다. 반도의 척추는 북동 해안 가까이까지 뻗어 있다. 여기서부터 산의 돌출부들이 바다까지 뻗어 간다.

리스본과 같은 위도에 위치한 수도의 기후는 한여름 6주 정도를 제외하면 지내기에 쾌적하다. 갑작스럽게 더워졌다 갑자기 추워지지는 않는다. 12월 중순에서 2월 중순까지 자주 눈이 내리지만 추위를 견디기 어려울 정도는 아니다. 거의 한 달 동안 온도가 섭씨 -15도에서 -7도 사이를 오가는데 10도 이상 차이 나게 변하지는 않고, 수은주가 -18도 이하로 내려가는 때는 없었다. 이처럼 한

겨울에는 어느 정도 춥다. 2월 1일경부터 사람들이 농사를 시작하는 3월 15일까지는 수은주가 지속적으로 오르기 시작한다. 온도는 계속 상승하여 여름에는 약 32도에 이르며 이것이 7월 15일까지 이어진다. 하지만 더위 때문에 잠들기 어려운 밤은 거의 없다. 이때는 우기이다. 비가 얼마나 내리던지! 정말 많은 비가 쏟아진다. 구름이 몰려가며 비를 퍼붓고는 다시 몰려와 두 배로 퍼붓는다. 항상 그렇지는 않지만, 하루나 이틀 동안 계속 비가 내리고는 뒤이어 하루 이틀 맑은 날씨가 이어진다. 이런 날들이 상쾌한 가을 날씨가 시작되는 9월 1일까지 반복된다. 가을은 한 해의 정점이다. 쾌적한 날들, 밝고 햇볕이 좋은 기후는 12월 중순까지 지속되면서 변화가 거의 느껴지지 않을 정도로 기온이 내려간다. 나는 12월 16일에 테니스를 하고 크리스마스에는 스케이트를 탔다.

체류자가 비범한 능력을 지닐 필요는 없고 동양에서 필요한 주의만 겸비하면 되니, 한국에서의 삶은 건강하고 즐거워 보인다.

2. 행정 체계

이 장에서는 한국 정부의 구성과 국내 행정에 대해 이야기하겠다. 한국과 이웃 국가들 사이의 관계에 대해서는 별도의 장이 필요하다.

권력은 백성들이 임금이나 합문[1]이라 부르는 왕에게 집중되어 있다. 정부는 왕이 임명하여 왕의 권위를 업고 활약하는 대신들에 의해, 왕의 이름으로 움직인다. 민중은 정부 안에서 아무런 역할을 공유하지 못하며, 행사하는 권력도 전혀 없다. 조선에서는 진정

---

[1] 임금이 거처하는 편전의 앞 문을 일컫는다. 대통령을 '청와대'라고 부르는 것과 유사한 것으로 추측된다.

"왕이 곧 국가이다." 권력은 왕에서 시작하여 가장 작은 고을의 수장에 이르는 관료들의 계열을 통하여 걸러진다. 각각의 관료는 하위 직급의 관료들에게 자신의 관할 영내에서 일어나는 모든 일에 대해 보고하도록 요구한다.

민중은 관리의 선택에 아무런 목소리를 내지 못하고 정부의 조치에 직접적인 방식으로 대응할 수 없다. 하지만 그렇다고 해도 주민 대중이 원하지 않는 조치가 내려지면 백성들은 대중 저항이라고 부를 만한 행동을 취하기도 한다. 그것은 처음에는 눈에 띄지 않는 소란의 형태로 나타난다. 그러나 그 정도가 강해지면 백성들이 생업을 제쳐두고 대중 집회를 열게 되고, 그 소요는 원성이 왕실에 닿을 때까지 지속된다. 내가 한국에 체류하는 동안 이런 현상이 몇 번 일어났다. 내가 알게 된 바로는 이런 대중 저항은 정당한 경우에 정책의 변화를 이끌어 낼 정도로 효과적이다.

만일 소요가 거짓 소문으로 야기되었거나 선동자들이 거짓 정보를 유포하여 오해가 확대되었을 경우, 보통은 수도의 커다란 광장에 포고문을 붙여서 오해를 바로잡고 백성들이 생업으로 복귀하도록 권면하는 절차를 밟는다. 하지만 종종 벌어지는 것처럼, 이것마저 효과가 없을 경우에는 다른 어조로 작성된 두 번째 포고문이 붙는다. 첫 번째는 온화하고 아버지 같은 어조다. 두 번째는 더

엄격하여 심각한 인상을 전달한다. 대개는 이 조치가 효과를 내도록 하루이틀 여유를 둔다. 하지만 소요가 잦아들지 않을 경우에는 군대가 출동하여 거리를 순찰하고 안정을 훼방하는 사람들을 붙잡아 처벌한다. 이런 방식으로 문제는 해결된다. 이처럼 백성들은 자신들의 바람을 알리고 자신들의 힘을 조정의 심장부에서도 느끼도록 하는 방법을 가지고 있다.

왕은 '총리', '우'와 '좌' 대신이라 불리는 자문위원과 조력자들을 둔다. 이 세 사람은 왕국의 최고위직에 있는 사람들이다. 이들 밑으로 6명의 부서장들이 있다. 이 사람들은 영국의 마을 경관과 같은 직위인 가장 낮은 지위의 관리에 이르기까지 수많은 다른 직급의 관리들의 도움을 받는다. 벼슬이라고 불리는 '직위'의 문제는 아주 복잡하다. 한국에는 문과 무로 나뉘는 두 종류의 직위가 있다(한국에는 해군이 없다). 이 중에서 문관의 직위가 더 높다. 문관과 무관의 관리들은 많은 등급으로 세세하게 분류되어 있다. 시험을 통과하면 직위를 받고 관리가 된다. 그래서 '모든 직위를 가진 사람'은 관리들이다. 관료가 된 사람은 일정한 직무를 부여받고 승진 서열에 들어선다. 관리는 전체 백성이 바친 봉급을 받는다.

이러한 직급의 세분화로 책임성과 선한 통치를 보장하기가 확실히 용이해진다. 그러나 불행히도 관리라는 지위가 처벌을 거의 받지 않고 백성을 억압하는 일이 가능하게도 한다. 귀족들은 평민들이 관리에 대한 적대적 정보를 다른 관리에게 전달하려는 시도를 억압해야 한다는 암묵적인 동의를 공유하고 있는 듯하다. 내가 이 나라에 있을 때 우리 집 요리사는 꽤 부자가 되었다. 그 요리사는 집 두 채를 구입했고, 약간의 현금도 갖고 있었다. 그는 나에게 계속해서 외국인들 밑에서 일하고 싶다고 말했다. 이유를 묻자, 만일 외국인에게 고용되지 않았다면 관료들이 바로 현금 3만이나 4만 냥을 빌리려고 찾아왔을 것이라고 말했다. 그 돈은 약 5파운드다. 돈은 당연히 돌려받지 못하는데, 그의 재산에 매긴 세금 명목이기 때문이다. 외국인들에게 고용되어 있는 한, 그는 조약 규정에 따라 외국 영사 외에는 구속을 집행할 수 없는 대상이 되기 때문에, 하급 관리의 강제 징수에 안전했다. 이런 식의 강제 징수가 다반사라는 것을 나는 확실히 알게 되었다. 누군가 현금을 꽤 모았다는 사실이 알려지면, 관리에게 대출 요구를 받게 된다. 만일 이 요구를 거부하면, 그 사람은 날조된 죄목으로 감옥에 갇힌다. 이런 방식으로 만들어진 죄인은 결국 요구를 들어주거나, 고집스럽게 거절하여 관리들이 자신들의 안전을 염려하는 상황이 되거나, 친척이 그 요구를 대신 들어주거나, 절충이 이뤄질 때까지 매일 아침 매를 맞게 될 것이다.

하지만 이것이 관리들이 돈을 벌어들이는 유일한 방법은 아니다. 개인은 자신의 빚에 대한 책임만 있는 것이 아니라 친척의 빚까지 책임져야 한다. 좀도둑 같은 관리들은 종종 이런 상황을 이용하여 돈 가진 가족의 일원을 잡아들일 수 없는 경우에 사촌이나 형제를 구속하여 돈을 요구한다. 그 불쌍한 사람이 자신은 돈이 없어서 지불하지 못한다고 호소하면, 관리들은 냉담하게 대꾸한다. "우리도 알지. 하지만 자네 사촌은 돈을 넉넉히 갖고 있잖아. 사촌에게 벌금을 내 달라고 하지 그래." 가족 관계가 아주 긴밀하기 때문에 이 방법은 대체로 효과를 발휘한다.

여행자가 한국인들이 가난하고 무례하다고 말하는 경우가 있는데, 한국인들의 성품이 본래 그렇다고 당연하게 받아들여서는 안 된다. 백성들이 노동을 하고 싶게 만드는 유인책이 없다는 사실을 기억해야 한다. 한국인들의 게으름은 본성 때문이 아니다. 자신들의 노고의 열매를 생존에 필수적인 최소치만을 빼놓고는 만족을 모르는 부패한 관리들에게 빼앗기게 될 것이고, 자신들은 그들에게 대항하지 못할 정도로 무기력하다는 것을 알고 있기 때문이다.

상위 권력에 호소하는 것은 아주 어렵다. 이미 말한 것처럼 관리들은 자신의 동료에 대한 불평을 듣기 싫어하기 때문이다. 왕이 자신의 신하들이 행한 부정에 대해서 듣는 경우는 아주 드물다.

이 외에도, 관리들 사이에는 왕이 유쾌하지 못한 소식을 듣지 못하도록 해야 한다는 관습이 존재한다. 그래서 가능하면 그런 소식이 왕에게 도달하지 못하도록 막아야 한다고 생각한다. 물론 다른 국적을 가진 사람에게 잘못이 행해졌다면, 그 행위는 대사관이나 영사관과 같은 통로를 통해 왕의 귀에 전달되고, 처벌 또한 신속하고 확실하다.

위에서 제시된 방식 외에도 관리들이 자신들의 권력을 남용하는 방식이 있다. 관직에 연고자를 등용하는 예가 아주 많은 것이다. 고위 관리의 아들들은 예외 없이 성인이 되기 전에 높은 관직에 도달한다.

정부 운영에 참여할 학자를 선발하는 시험이 시행되지만, 이런 학자들은 대개 관리의 자녀들 중에서 나온다. 뇌물을 받은 시험관들은 뇌물 공여자의 답안지를 쉽게 찾아서 자랑스럽게 왕에게 보임으로써 높은 점수를 받게 만든다.[2]

---

2 학식이 높고 존경할 만한 나의 스승은 자기가 관직을 받고 싶지만 필요한 돈이나 영향력이 없기 때문에 그럴 수 없다고 말했다. 나는 능력을 가진 사람을 찾으려는 시험이 실시되는데 왜 그런 것들이 필요하냐고 물었다. "아주 타당한 말이지. 하지만 아주 많은 답안이 작성된다네. 왕은 그 중에서 몇 개만 볼 뿐이야. 그리고 그 답안지는 왕의 신하들이 고르는 것일세. 내가 그 신하들 중 어떤 이를 안다면, 그를 설득해서 내 답안지를 보고, 왕에게 보여 주라고 할 수 있지. 아니면 돈을 좀 주어서 그가 내 답안지를 고르게 할 수도 있고." 스승의 대답이다. 돈이 얼마나 필요하냐고 묻자, 스승은 "아마 10만 냥 정도."라고 답했다.

최근에 한 작가가 공무를 수행하는 방식을 묘사하였다. "영문이라는 관저의 마당 주위에는 항상 수행원들, 포졸들, 병사들이 자신들의 지위를 나타내는 가지각색 옷을 입고 큰 무리를 이루고 있다. 이들이 안에 있는 관리의 지시를 날카로운 소리로 길게 늘여 빼 영문에서 멀리 떨어진 곳까지 들리도록 전달한다. 그들은 서신을 가지고 영문 안팎을 드나든다. 그들은 땅에 닿을 정도로 머리를 조아린 채로 쭈그리고 앉아서 아침부터 저녁까지 영내에 있는 고위 관리에게 무대에서 사용하는 어조로 말을 한다. 대문이 열리고 닫히는 아침과 저녁 시간에는 북소리, 날카로운 피리소리, 이상한 고함소리로 요란스럽다. 모두 관리들의 권위를 위해서 필요하다고 여겨지는 법석과 소란인 듯하다. 나는 안마당에서 좀 떨어진 길청이라고 불리는 숙소에 묵었다. 병사들 한 무리가 나를 위해 배정되었다. 얼마 되지 않아 그들의 관심이 고통스러워졌다. 내가 낮잠을 자려 하면, '어르신이 취침하신다. 조용히 하라.'는 지시가 전달된다. 조금 있으면, 병사들이 서로를 조용히 시키고 외국인을 곁눈질하려는 백성들을 강하게 벌하는 다툼과 소란이 지속되어 잠

우리 돈으로 10파운드 이상이다. "내가 그 돈을 빌려 준다면 어떻겠습니까?"라고 말했다. 이에 대해 그는, "자네는 아주 친절하군. 감사하게 생각하겠네. 하지만 그렇게 관직을 얻는 것은 내 양심이 허락하지 않는군."이라고 답했다.

을 방해한다. 식사는 첫째 날에는 여섯 번, 둘째 날에는 일곱 번 나왔다. 낮 동안의 짧은 휴식 시간에는 관리 1명이 식사를 잘 했는지 묻고, 잘 먹었다면 감사하다는 표현을 하려고 왔다."

국가 업무를 처리하는 방식에는 동양적인 신중함, 판단력의 부족 그리고 비결정성의 이상한 조합이 확실히 존재한다.

무역을 하고자 국가를 개방했을 경우에 관세 규정을 채택해야 한다. 관세 징수 업무는 중국의 소관이었다가 헨리 파크스 경(Sir Henry Parkes)의 지휘 아래 들어갔다. 이 조치로 관세를 진중하고 신뢰할 만하게 처리하도록 했으니, 아마도 이 조치가 최선의 방책이었던 듯하다. 거둬들인 관세는 하나도 중국의 국고로 들어가지는 않지만, 현재 한국의 관세 업무는 중국의 세관업무의 일부가 되어 있기 때문이다. 업무를 진행하는 비용을 제외한 모든 부분은 한국의 국고로 들어간다. 한국 정부는 상당히 많은, 그리고 계속 증가하는 액수를 이 부문에서 거둬들이고 있다.

다른 정부 부서들은 한국인 관리들이 책임지고 있는데, 그들은 착수하는 모든 사업에서 실패할 운명에 처해 있는 듯 보인다. 예를 들면, 정부는 세수의 일부를 비단 산업에서 얻고 있으므로 전문가 1명을 고용해 누에 재배를 관할하도록 했다. 그러나 이 조치는 정부 측에 짐이 되었다. 전문가는 5년 동안 임무를 수행하다가 떠났다. 그가 그동안 임무를 수행한 결과는, 아마도 1파운드의 소득도 내지 못했을 것이며 앞으로도 그럴 것 같은 작고 형편없는 뽕나무 밭과, 그의 직무에 대한 보상과 밭을 조성하는 데 든 돈 수백 파운드뿐이었다. 앞으로 말하겠지만, 조폐국 설치, 탄광 개발, 군대의 확대와 개편에서도 유사한 실패들이 뒤따랐다.

군대 개선 사업 정도만 제외한다면, 각각의 사업들은 성공적이고 좋은 결과를 냈을 수도 있었다. 그러나 이 또한 모두 치밀하지도 실제로 거의 효과를 내지도 못했다.

아마도 이 모든 문제는 왕에게 이 다양한 사업에 반대하는 조언을 한 '외국인 고문'이 있었다는 사실에 근원이 있었던 것 같다. 한국 정부가 착수한 모든 일들을 방해하는 외국인들에 대한 질시 때문에, 외국인 고문의 고용 자체가 우스운 일이 되었고 그에게 지불된 돈이 완전한 낭비가 되었으며 정부의 사업은 순전한 손실로 이어졌다.

이제 관건은 왕과 신하들이 이 문제에 대해 상식을 따르고, 자신들이 관리하도록 임명된 업무에 대한 전권을 계속 외국인들에게 위탁할 것인지 아닌지 하는 것이다. 만일 능력 있는 사람들이 왕국의 재정과 같은 일들을 지휘하도록 한다면, 정부는 곧 건전한 상태가 될 것이다.

3. 서울 이야기

우리는 한국의 수도를 도시의 이름이라고 생각하면서 '서울'이라고 부르는 데 익숙해 있다. 사실 서울이란 말은 '수도'라는 뜻이고 수도의 이름은 경기도 또는 경기이다.

서울에서 하루 저녁을 보낸 첫인상은 중세 시대로 되돌아간 느낌이다. 어둠이 내리면 성문이 닫히기 때문에 도시를 둘러친 성벽을 넘기 전에는 도시 밖으로 빠져나갈 방법이 전혀 없다. 그리고 어둠을 밝히는 불빛도 없어 적막함만 감도는 거리를 손에 등불을 들고 거닐 때면, 영락없이 중세의 분위기를 느끼게 된다.

한국의 수도는 제물포라는 항구에서 45킬로미터 떨어져 있으며, 반도에서 이탈리아의 로마와 같은 위치에 있다. 그리고 성곽 외부에 모여 있는 마을들까지 포함할 경우, 25만~40만 주민이 살고 있다. 성은 6~10미터 높이의 성벽으로 둘러싸여 있다. 성벽에는 흉벽이 솟아 있고 총안이 설치되어 있지만, 대포를 발사하기 위한 것이 아니라 궁수들을 위한 것이다. 성벽 뒤에는 침략이 있을 경우에 유리하게 방어할 수 있도록 흙더미를 쌓아 고지를 만들었다. 이 성벽이 500년 전에 건설되었고, 지금은 몇 곳을 제외하고는 훌륭하게 수리되어 있다는 사실을 알게 되면 성벽 건축의 우수성을 이해하게 될 것이다. 하지만 성벽이 매끄럽지는 않고 군데군데 낡은 부분들이 있어, 성문이 닫혀 있을 때 도착한 사람들도 도시를 빠져나가거나 들어올 수 있다.

성벽에는 8개의 성문이 있는데 그중 하나는 북한산 요새로 난 비밀 통로로 연결되어 있다. 이것은 위기 상황에 임금이 탈출할 목적으로 만들어졌다. 통행로는 임금이 지나간 뒤 재빠르게 파괴되어 추적이 불가능도록 설계되었다. 이 성문들은 4미터 정도 높이의 아치형에 정교하게 자른 커다란 돌을 쌓아 만들어져, 어느 나라에서나 볼 수 있는 아치형 건물의 완벽한 형태를 이룬다. 성문 자체는 튼튼한 벽과 멋진 아치에 비하면 유감스러운 물건이다. 성문에는 1~2층 건물 높이의 전형적인 목조 문들이 얹혀 있다. 이것

서울 서대문

3. 서울 이야기 29

이 성문을 아름답게 보이게 하고 여행객들의 주목을 끈다.

거대한 성벽이 도시를 감싸고 도는 경로는 2개의 산을 넘어서 이어진다. 남쪽의 중앙 부근에는 가파르고 나무가 빽빽하고 높이가 250미터 정도 되는 아름다운 산이 갑작스럽게 솟아 있다. 그 산의 일부에는 60미터나 되는 깎아지른 듯한 절벽이 있다. 이것이 남쪽 산이라는 뜻의 남산이다. 북서쪽을 향해 도시를 사선으로 가로지르면, 더 높고 나무가 덜 밀집되어 있으며 여기저기 여러 곳에 커다란 절벽이 있는 산이 있다. 이것은 북쪽 산이라는 뜻의 북산이다.

성벽 안으로 들어서도 중세적 인상이 사라지지 않는다. 방문자는 서울 안에서 넓은 도로를 겨우 3개밖에 찾아볼 수 없다. 이 길 가운데 하나가 시내를 동서로 가로질러 동대문에서 끝난다. 다른 거리들은 이 길에서 직각으로 뻗어 하나는 궁궐 대문을, 다른 하나는 남대문을 향한다. 거리들 중에서 궁궐로 향하는 길만 깨끗해서 길의 폭 전체가 항상 드러나 있다. 다른 거리는 행상과 가게들이 늘어서 있어서 소달구지가 지나갈 정도의 좁은 길만 남아 있다.

다른 길은 모두 좁고 구불구불하여 많은 경우에 도보로 걷는 사람들이 겨우 밀치고 지나갈 정도다. 자세히 조사해 본 결과, 길은 원래 그렇게 비좁게 나 있지는 않았다. 길 양편에 있는 집 주인들이 점차로 길을 잠식하여 결국 공공도로가 거의 막힐 정도가 된 것이다. 길은 비좁고 지붕의 초가와 기와들이 튀어나와 있어서, 말을 탄 사람은 지나가기가 힘들다. 말을 탄 사람은 말에서 떨어지지 않으려고 머리를 굽히고 안장 위에서 이리저리 몸을 흔들면서 조심스럽게 지나가야 한다.

도시 안에는 담장으로 둘러싸인 궁궐이 세 군데 있다. 현재의 왕가가 머무는 곳은 남산 바로 밑에 있다. 다른 한 곳은 전에 섭정이 기거했지만, 후에 조폐국으로 사용되다가 현재는 비참한 폐허로 변한 상태다. 대지에는 비단 산업 육성을 위해 정부가 뽕나무 묘목을 심었다. 몇 년 전까지 왕가의 거주지였던 세 번째 궁궐은 아름다운 건물이 아주 많이 있는 곳으로, 이제는 빠르게 황폐화되어, 뒤뜰 근방에 있는 풀숲에 암호랑이와 새끼들의 굴이 있다는 말이 있을 정도가 되었다. 조경을 하려는 시도가 몇 번 있기는 했다. 하지만 불행히도 거주지 주변 땅은 담장으로 경계를 지어야 하고 건물군 각각은 구획으로 나눠져 다른 사람들과 완전히 차단되어야 한다고 한국인들은 변함없이 주장한다.

한국인들의 집은 지붕에 사용된 재료가 짚이냐 기와냐에 따라서 두 종류로 나뉜다. 가난한 사람들의 집은 당연히 짚을 올렸다. 농부들이 사는 오두막의 전형적인 형태는 말편자 모양으로, 한 면이 거리를 접하고 마당은 중앙에 위치한다. 집들은 서로서로 높은 담장으로 분리되어서 이웃의 마당을 볼 수 없게 되어 있다. 집은 1층이고 가게로 사용되는 몇몇 건물만 2층이다. 한국인들은 조경에 관심이 없어 보인다. 나는 집 주위에 잔디가 깔려 있는 곳을 한 번도 보지 못했다. 어떤 사람들은 꽃을 조금 기르는데, 특히 국화와 접시꽃이 많다. 부유한 사람들은 집의 대지가 더 넓고, 중간에 마당이 있는 정사각형 건물을 지으며, 여느 집과 차이가 나도록 지붕에 기와를 올린다. 대지가 모두 건물로 들어차 있지는 않다. 성벽 안쪽에는 도시가 포위되었을 경우에 많은 사람들에게 음식을 제공할 수 있는 공터가 있다.

낮 동안 경찰을 보지 못한다는 사실이 이곳 사람들의 질서정연한 성품을 웅변해 준다. 밤 시간에는 군인들이 경찰 업무를 행하고, 몇몇 외국인들이나 공사들은 사병(私兵)들을 고용하기도 한다. 집단 소요와 같은 경우를 제외하고는 경찰력이 필요한 때가 거의 없다. 사실, 술에 취해 떠들어 대는 사람을 보기도 쉽지 않다. 나는 2년 넘게 머무는 동안 그런 경우를 두 건 이상 보지 못했다. 취한 사람을 본 적이 열두 번을 넘지 않으며, 그 경우에도 대부분 음주의 영향으로 실신했거나 잠들어 누운 사람들이었다. 때때로 싸움이 일어나기도 하지만, 대개 싸움꾼들이 서로의 머리카락을 당

한국 농부의 집 풍경.

기는 정도였다.

새로 온 이방인들이 적잖게 놀라게 되는 것은 어둠이 내린 도시의 완벽한 적막이다. 어두워진 뒤에는 가끔 개가 짖거나, 여름철에 개구리가 울거나(20만 주민들이 사는 도시에서 개구리가 울다니!), 아낙이 아침에 외출할 남편의 의관을 다릴 때 다리미가 내는 소리만 들릴 뿐이다. 방문객이 적막함을 갑갑하게 느끼고 산책이라도 하러 방을 나서게 된다면, 등불이 필수품이다. 이 도시는 불이 밝혀져 있지 않고, 집들을 넘겨다봐도 수만 명의 주민이 산다는 표지는 거의 발견할 수 없기 때문이다. 길을 걷다가 그는 어떤 형체가 마치 밖에 나오는 것이 비행이라도 된다는 듯이 급하게 문으로 뛰어 들어가는 모습을 볼 수도 있다. 아니면 여자가 혼자서 또는 몇 명이서(이 경우에는 적어도 일행 중 1명이 등불을 손에 들고서) 얼굴이 보이지 않게 조심스럽게 가린 채로 조용히 지나가는 장면을 마주할 수도 있다. 그는 머스켓 총이나 수발총으로 무장한 두 병사로 구성된 순찰대가 담당 구역을 느긋하게 어슬렁거리는 모습을 볼 수도 있다. 하지만 도시가 워낙 조용해서 자신의 발자국 소리가 담장에서 기분 나쁘게 반향이 되어 마치 죽은자들의 도시에 있는 것처럼 느낄 것이다. 이곳저곳 열려 있는 문틈으로 한 무리의 남자들이 골풀 양초로 불 밝힌 방에 앉아 오목과 아주 흡사한

게임³을 하는 모습, 또는 동료 중 1명이 독창을 하고 다른 이들이 듣다가 합창 부분에서 다 같이 노래하는 모습, 또는 한국에는 아주 많아 보이는 짧은 이야기를 돌아가면서 즐겁게 하는 모습을 볼 수 있을 것이다. 숙소로 돌아온 뒤, 만일 그곳이 고용된 야경꾼이 순찰하는 곳이라면, 그는 잠에 빠졌다가 낯선 소리에 깨어나게 될 것이다. 그 소리는 쇠줄이 헐겁게 묶인 방망이로 땅을 일정한 간격으로 날카롭게 두드릴 때 난다. 그는 야경꾼이 방망이를 지니고 다니면서 땅을 쳐서 자신들의 접근을 알리는 것이 관례임을 알게 될 것이다. 물론 강도는 좀처럼 잡히지 않는다. 내 생각에 야경꾼이 이 소리를 내는 유일한 목적은 두려움을 쫓기 위해서일 뿐이다.

그 이방인이 아침 일찍 깨어 도심을 산책하게 된다면, 그는 변한 광경을 보게 될 것이다. 그리고 도심 한가운데로 다가갈수록 아침 시장에서 나는 소리가 귀에 울리게 될 것이다. 그는 길 한가운데에 나무로 만든 대(臺)가 놓여 있고 그 위에 마른 생선, 과일, 채소, 쌀 그리고 한국인들의 식단을 구성하는 다양한 물품들이 쌓여 있는 것을 볼 것이며, 그 물건의 주인들이 자기 물건의 장점을 서양식으로 외치는 모습을 보게 될 것이다. 사람들은 아침 일

---

3 바둑을 말함(역자 주).

찍 일과를 시작하는데 여름에는 5시에서 6시가 시장이 절정을 이루는 때이다. 8시나 그보다 조금 뒤면 거리에서 상하기 쉬운 물품들은 거의 사라지고 가게나 판매대에서 판매가 이루어진다.

중세적 분위기는 이방인이 해질녘에 남산의 정상이나 도시 주위의 다른 봉우리들이 보이는 위치에 서게 되면 더 강해질 것이다. 그는 불꽃을 적어도 4개가 차례로 타오를 때까지는 보게 된다. 이 불꽃들은 모든 것이 잘 되고 왕국이 평화롭다는 뜻으로 먼 곳에서부터 온 일련의 신호가 최종적으로 도착한 것이다. 즉시 궁궐의 종이 울리고, 관료들은 왕에게 부서들의 하루 일과를 보고하러 궁궐로 들어간다. 그 즈음에 서대문에서는 중국에 가 보지 않은 사람에게는 낯선 소리가 귀에 울리는 경험을 하게 된다. 성벽에 인접한 대장의 처소에서 한국의 악단이 임무로서 행하는 저녁 연주 소리이다. 도시의 대문들은 해가 지고 8시 반이나 9시가 되면 곧 닫히지만 정확한 시각이 정해져 있지는 않다. 9시경에는 도심에 있는 커다란 종을 리듬에 맞춰 타종하여, 깊고 강렬한 소리가 도시에 울리게 된다. 이 신호는 영국의 통금과 같이 사람들이 거리를 떠나야 할 시간을 알리는 것이다.

4. 관리 선발 이야기

한국은 이중 언어를 사용하는 나라이다. 2가지 언어로 말한다는 뜻이 아니라 2가지 언어가 사용된다는 말이다. 하나의 구어와 하나의 문어가 어휘, 문법, 쓰기에 있어 차이를 갖고 나란히 존재한다.

한국어는 문법은 일본어와 정확히 같지만, 중국어에서 차용한 단어나 어원이 같은 경우를 제외하고는 어휘가 다른, 고유 언어이다. 이 언어가 국왕부터 모든 사람들이 말하는 언어이다. 외국인이 이 언어를 배울 때 어려움을 겪는 부분은 완곡한 표현과 '경어'이다. 언어 습득 훈련이 되지 않은 사람에게는 완곡어법이 매우 혼란스럽다. 동사의 어근이 어미의 영향과 축약에 따라 알아보기 힘들 정도로 변하기 때문이다. '경어' 또한 매우 복잡하지만 완벽하게 숙달해야만 한다. 단어의 어미를 듣는 이의 지위에 맞게 조심스럽게 변화시켜야만 한다. 거의 모든 지위에 어울리는 각각의 어미가 있다. 대체로 동사에 붙는 어미의 길이가 길어질수록 듣는 이에 대한 존중감이 높다고 하겠다. 이러한 난점들을 숙달하지 못한 외국인은 어미를 아주 쉽게 혼동한다. 어떤 집주인은 한국인 방문객을 예의바르게 맞으려고 말에서 내려 들어와 쉬라는 말을 실수로 위압적인 명령조로 표현했다고 한다. 반대로, 한 부인은 자기의 하인에게 최고로 공손한 표현을 사용했다고 한다. 예를 들자면, "하해와 같은 은혜를 베풀어 석탄 한 통만 갖다 주시겠어요." 정도의 표현을 사용해 요청한 경우이다.

인사마저도 지위에 따라 등급이 나뉘어 있다. 가장 많이 사용되는 3가지는 다음과 같다. "무고하지?"는 아랫사람에게 사용하는 표현이다. "어디 아프신 곳은 없죠?"나 "무탈하시기 바랍니다!"는 앞의 표현보다 높임말이다. "평안하시옵소서!"는 가장 높여 인사하는 경우이다.

한국인들은 외국인들이 자신들의 언어를 사용하는 데 어려움이 많다는 점을 알고 실수를 하더라도 넓은 아량을 베푼다. 외국인들이 자신들의 언어를 배우지 못한다는 믿음 때문에 자신들이 우스워지게 되는 경우가 많다. 나는 외국인들이 자주 방문하지 않는 수도의 한 지역을 지나치다가 사고 싶은 물건을 발견한 적이 몇 번 있다. 멈춰서 가격을 묻는 동안, 우리는 가게 주인이 자신의 대답을 알아듣지 못한다고 생각하여, 물건 값을 가르쳐 주려고 손가락과 동전을 사용한 특이한 몸동작을 하는 모습을 즐겁게 지켜보았다. 우리가 한국말로 물었고, 주인이 그 말을 알아들었음에도 불구하고 말이다. 얼마간 얼떨떨한 채 바라보다가, 우리가 그 사람에게 한국말 할 줄 아느냐고 묻자 "예, 예."라고 놀라서 대답했다. 우리가 그에게 한국말로 하라고 말하자 상황을 빨리 파악한 주위 구경꾼들이 웃었고, 때때로 그 사람을 조롱하기도 했다.

고유어인 구어와 함께 한자가 서신 왕래나 공식 문서 작성 등의 수단으로 사용된다. 철학, 종교 또는 윤리를 다룬 작품 대부분은 한자로 씌어 있다. 학문에 대한 욕구가 있는 사람이라면 한자를 쉽게 읽고 바르게 써야만 한다. 그렇지 않다면 누구도 공직을 얻지 못한다. 상황이 이러하니 적어도 남성 인구의 3분의 1, 아마도 2분의 1은 한국어와 한자에 정통할 것이다. 왜냐하면 거의 대부분의 남자들은 모두 공직에 진출할 자격을 갖고 있기 때문이다.

공직에 진출하기 위해 치르는 시험에 대해서는 이미 언급을 했다. 시험은 중요성과 참가 인원에 따라서만 차이가 나기 때문에 한 가지 설명으로도 충분하겠다.

과거라 불리는 이 시험은 궁궐 뒤뜰에서 전국 각지에서 온 수험자들을 대상으로 치러진다. 시험은 수험자가 논술을 마칠 때까지 작은 칸막이 안에 갇혀 있어야 하는 중국의 방식과는 다르게 진행된다. 중국과 다르게 한국에서의 경쟁은 열린 공간에서 진행되며, 어떤 수험자는 태양빛 아래서, 어떤 이들은 커다란 양산 아래서, 더 부유한 사람들은 차양 아래서 시험을 치른다. 몇몇의 행상들이 수험자들 사이로 다니며 과자, 떡 그리고 다양한 음료를 판다. 참관자들과 관리들 그리고 병사들이 한 무리를 이룬다. 마당 한쪽에 마련된 커다란 석조 단상은 대회의 조정자인 국왕이 시험 시간 동안 머무르는 곳이다. 병사들은 머스켓 총과 국내산과 외국산, 구식과 현대식 등 다양한 무기로 무장한 채 행진하거나 어슬렁거리며 걷는다. 총검이 장착된 성능 좋은 연발총으로 무장한 병사와, 어깨에 대면 발사되지 않지만 팔 길이 정도로 뻗으면 발사되는 국내산 수발총으로 무장한 병사 둘이 나란히 짝을 이룬 모습을 보게 된다. 이 호위병들이 수험자들을 감시하거나 부정 행위를 막으려고 그곳에 있는 것 같지는 않다. 그들의 유일한 목적은 그 행사를 더 화려하게 만들기인 듯하다. 수험자들은 높은 말총 모자를 쓰고 있어서 보기만 해도 구분할 수 있다. 수험자들은 소년부터 머리가 하얗게 센 노인, 비단과 모피 망토를 걸친 귀족부터 명주옷을 걸친 농부까지 다양하다. 작성이 끝난 답지는 서명을 하고 말끔하게 말아서 왕의 단상 앞에 놓는다.

    우리는 만면에 천진한 웃음을 띤 소년이 즐겁게 다가와 첫 번째 문학 논술에 대해서 별로 심각하게 생각하지 않고 답안지를 내려 놓는 모습을 보았다. 조금 후에 답안지는 수거되어 단상에 놓인다. 그곳에서 답안지는 곧 몇 십 센티미터 높이로 쌓이게 될 무더기 속으로 사라질 것이었다. 얼마 뒤 우리는 한 나이든 남자가 근심스러운 기색이 완연한 얼굴로 무리를 뚫고 다가와, 조심스럽게 답안지를 들고서 관원의 발치에 던져 놓는 모습을 보았다. 관원은 일생에 걸친 학습 내용이 집약되어 있는, 그리고 아마도 한국인의 최종 목표일 공직을 얻으려는 노인의 마지막 희망일지도 모를 답안지를 무심하게 집어 들었다. 우리는 노인이 자신의 최후 도전의 결과물이 높게 쌓인 수백 장의 답안지 더미에 아무런 구분이 없이 던져지는 모습을 몸을 굽혀 목을 빼고 바라보는 것을 보았다. 그리고 답안지가 안전하게 놓이는 것을 보고, 우리의 마음에 동정심을 불러일으켰던 한숨을 내뱉고서, 가망 없는 희망을 품고 서판과 필기구를 챙겨 뒤돌아서 천천히 집으로 돌아가는 모습을 보았다.

이 시험이 아주 까다롭다는 것은 의심할 여지가 없다. 문제는 종종 중국 고전에서 다루는 중요한 주제와 관련되어 있다. "이 황제는 아버지의 죽음에 대한 자식의 도리가 무엇이라 하는가?"와 같은 문제들이다. 이런 문제에 대해서는 긴 내용을 글자 하나까지 완벽하게 원문에 충실하게 답해야 한다.

과거 시험에 관련된 악습 가운데 적잖이 눈에 띄는 것은 대리인을 통해 시험에 통과하는 것이다. 어떤 이유에서든 시험을 치를 수 없는 사람이 자신의 친구를 찾아가 몇 실링에서 몇 파운드에 이르는 돈을 일부 지급하고서 자신을 대신해 논술을 쓰게 하고, 논술이 상을 받게 될 경우에는 훨씬 많은 돈을 지급하기로 약속하는 것이다. 어떤 때는 한 사람이 한 시험에서 네다섯 편의 논술까지 통과시키기도 한다.

한국인들에게는 과거에 관한 많은 이야기가 있는데, 그 가운데 가장 재미있는 몇 편은 한국의 하룬 알 라시드[4]인 군주와 관련되어 있다. 한 이야기의 내용은 이렇다. 왕은 자기 백성들의 생활을 알게 해 주는 잠행을 좋아했는데, 어느 날 밤에 깨진 창문 사이로 비친 방에서 벌어지는 일을 보고 놀라게 되었다. 그 집 사람

---
[4] 8세기 경 바그다드의 칼리프(역자 주).

들의 가난한 삶을 보여 주고 있는 방 안에서는 노인이 울고 있고, 여인이 노래하며, 젊은이는 여인의 흥겨운 곡조에 맞춰 즐겁게 춤을 추고 있었다. 그 모습이 범상치 않아서 왕의 호기심을 자극하기 충분했다. 왕은 문을 두드렸고, 날이 저문 나그네 행세를 하며 대화를 나눈 뒤, 자신이 본 광경에 대하여 말했다. 그리고 그런 특이한 행위를 한 이유를 설명해 달라고 부탁했다. 춤을 추던 젊은 주인은 변장한 왕에게 자신이 울고 있던 노인의 아들이라고 말했다. 그는 노인이 전에는 부유했으나 관리들의 탐욕과 억압 때문에 재산을 모두 빼앗겼다고 말했다. 노인이 아주 우울해해서, 저녁이 되면 아들과 며느리가 노인의 고통스런 마음을 바꿔 보려고 노래와 춤추기를 계속했다는 것이었다. 왕은 자신의 신분을 밝히지 않고 국가 문제에 대해 대화를 나누고, 젊은 주인장이 특출한 학식과 분별력을 가진 사람임을 알게 되었다. 아버지를 즐겁게 하려는 노력에 잘 나타나 있는 효성까지 더하여 젊은이는 왕의 마음을 사로잡았다. 왕은 주인장이 다음 날 있을 과거에 응시할 의향이 있는지를 물었다. 젊은이는 과거시험이 있다는 소식도 듣지 못했다고 대답하였다. "있다네." 라고 왕이 대답했다. "나라면 시험을 보겠네. 만일 자네가 급제를 한다면, 가난을 면하게 되어 자네 아버지의 말년이 편안하고 기쁘게 되잖겠는가." 주인장은 시험이 있으면 꼭 응시하겠다고 약속하였다. 왕은 갑작스런 방문에 대해 사과하고 그 자리를 떠난 뒤 궁궐에 도착하자마자 다음 날 과거가 치러진다는 포고문을 붙이도록 명령하였다. 수도의 시민들은 그때까지 시험 계획이 없었기에 놀랐지만 소식이 퍼져 나가 수험자들이 몰려들었다. 시험 주제는 이러했다. "눈물짓는 노인, 노래하는 여인, 춤추는 젊은이." 한 사람을 제외한 수험자들은 모두 기겁했다. 그런 주제는 고전에서 다루어지지 않았다는 데 일치된 의견을 갖고 어떻게 답을 작성해야 할지 의아해했다. 왕을 대접했던 젊은이 또한 의아해했다. 어떻게 주제를 다뤄야 할지에 대해서보다는 주제와 자신의 일상 사이의 일치 때문에 그랬다. 여하튼 그는 주제가 친숙했기에 능숙하고 솜씨 좋게 답을 작성하였다. 물론 질문에 대한 젊은이의 답안이 유일하게 주제에 맞았고, 그는 상을 받게 되었다. 그는 곧 관리가 되었고 다음 날 입궐하라는 명령을 받았다. 이윽고 그는 입궐을 하였고 그 호기심 많던 나그네를 왕좌에서 보고 깜짝 놀랐다. 왕은 그를 기쁘게 맞았고 돈을 많이 벌 수 있는 직책에 임명하였다. 왕으로서도 충복이며 유능한 신하를 얻게 된 것이다.

5. 한국 사람들

여행자들과 신문기자들은 한국인들의 키가 인간 평균치보다 크다는 듯이 말하고 기사를 썼다. 이에 대해서는 두 가지 설명이 가능하다. 하나는 일본을 방문하거나 거기서 생활해 본 사람들이 키 작은 일본인들에게 익숙해져 있다가 키 큰 한국 사람들 사이에서 자연스럽게 한국인들의 신장을 확대해서 인식하게 되었다는 것이다. 다른 하나는 한국인들의 의복에 기인한다. 기다란 망토가 사람의 키를 커 보이게 한다는 사실은 널리 알려져 있다. 한국인들이 매끄럽게 늘어진 흰색 망토를 입는다는 점을 기억한다면, 방문객들이 그들의 신장에 대해 정확하게 말하지 못한 이유를 알게 된다. 내 관찰에 따르면, 한국인의 평균 신장은 168센티미터를 조금 넘을 정도이다. 약 170센티미터 정도이리라.

한국인들의 머리카락은 길고 곧으며 검고 거칠다. 칙칙한 황갈색을 띠지만 머리카락이 남녀 모두의 몸단장에서 중요한 대상이기 때문에, 기름과 검게 만드는 혼합물을 발라 조심스럽게 가린다.

한국인들의 신체 조건은 지리적인 위치처럼 중국인들과 일본인들의 중간으로 보인다. 한국인들은 평균키가 일본인들보다는 훨씬 크지만 중국인들의 평균치에는 도달하지 못하는 것 같다. 피부색은 일본인들처럼 어둡지는 않으나 중국인들처럼 짙은 황색은 아니다. 때때로 피부색이 어두운 갈색인 원주민이 보이기도 한다. 어떤 사람들은 꽤 하얗다. 흰 피부를 소중하게 생각하기 때문에 여성들은 쌀가루 같은 분을 지니고 다니면서 자주 바른다.

한국인들은 눈이 비스듬히 치솟아 있는데, 이는 기원을 따지면 한국인들이 몽고계라는 것을 나타낸다. 또한 높은 광대뼈와 낮은 코가 지배적이다.

체구를 보면 한국인들은 일반적으로 탄탄하고 잘 발달된 튼튼한 사람들이라는 인상을 준다. 하지만 잘 살펴보면 한국인들이 외모와는 다르게 힘이 약하다는 사실을 자주 발견하고 놀라게 된다. 우리가 한국인들에게 익숙해질 때까지 하인들이 가구를 드는 데

힘겨워하는 모습을 보고 참기 어려웠던 적이 여러 번 있었다. 하인 둘이서 무거워한 짐을 우리 중 하나가 힘들이지 않고 쉽게 들어 올렸던 것이다. 이런 연약한 행동은 결코 거짓이 아니다. 그들의 주식은 쌀이고, 곤궁한 시기에는 그마저도 충분하지 않다. 콩과 기장, 심지어 보리로 연명하고 여름철에는 몇 끼니를 오이로 해결하기도 한다.

한국 여인들은 매우 은폐된 생활을 하고 있기 때문에 보기가 쉽지 않다. 우리가 본 여성들은 남성에 비해 키가 훨씬 작아서 일본인들보다 커 보이지 않았다. 평균키가 약 157센티미터를 넘지 않는다. 그러나 이웃 일본인들보다 땅딸하고 골격이 단단하며 몸무게는 더 나가서, 어떤 종류의 노동도 할 수 있어 보인다.

일본 여성의 눈은 거의 항상 즐거운 활력과 유쾌한 빛을 반짝이고 있다. 그러나 한국 여인에게는 이 쾌활함과 유쾌함 그리고 빛이 없다. 한국 여인에게 인생은 심각하고 진지한 대상이다. 하지만 남자들에게는 그렇지 않다. 한국만큼 농담을 즐길 준비가 되어 있는 곳은 없을 것이다. 나는 부정한 시종을 대상으로 쳐 놓은 계략이 얼마나 웃음을 자아냈는지 기억한다.

한 시종이 지팡이를 훔치다 발각되었다. 보기에 아주 좋은 지팡이 하나가 눈을 사로잡았고, 그는 어두워진 뒤 자기 집에 가지고 갈 계획으로 내 집 밑에 감춰 두었다. 우리는 그 장소를 발견하고 해질녘에 가느다란 실을 지팡이에 묶어 식당에 있는 돗자리에 연결해 두었다. 누군가 지팡이를 가져가려 하면 돗자리가 말려 일어나게 한 것이다. 우리는 식당에서 도미노 게임을 하며 차분히 기다렸다. 갑자기 돗자리가 말려 일어나기 시작했고, 우리는 달려 나가 한 남자가 기어 들어간 건물 밑의 구멍을 둘러쌌다. 우리는 그를 불러내고, 다른 시종들을 불렀다. 불려 나온 사람들 중에는 병사도 3명 있었다. 병사 중 하나가 그 사람의 손을 묶고 명령을 기다렸다. 우리가 그 일을 어떻게 알아냈는지를 알게 된 하인들은 그 계략이 얼마나 우스웠는지 두세 명은 말 그대로 바닥을 구르면서 웃어 댔다. 우리는 몇 주 동안 하인들이 방문객들에게 이 이야기를 하는 것을 들었고, 시종은 문지방을 넘을 때마다 돗자리에 난 틈을 보고는 그 계략을 떠올리고 웃음을 짓거나 낄낄거렸다.

대체로 백성들 사이에는 외국인에 대한 일말의 반감도 없어 보였다. 우리는 중국인들이 외국에서 온 사람들을 부르는 호칭을 한반도에서는 들어 보지 못했다. '외국 악마'라는 호칭을 한 번도 듣지 못했고, 한국인들과 교류하는 중에도 외국 태생이라는 이유로 따라붙는 경멸적인 단어를 들어 본 적이 없다. 대중은 서구인들을 우월한 능력을 가진 사람으로 우러러 본다. 우리의 함대와 육군 그리고 총이 이룩한 업적에 관한 이야기는 비록 실제에 미치지 못하더라도 듣는 이들의 입이 벌어지고 눈이 휘둥그레지도록 만든다. 외부의 개입이 없다면, 백성들, 통치자들은 모두 점진적이고 분별력 있는 서구적 방식의 수용을 환영할 것이다. 보수파와 개혁파라는 파당이 고위 관리들 사이에 존재한다. 전자는 일본이 취한 방향에 대해 반대하고 후자는 호감을 갖는다. 중국은 보수파 사이에 영향력을 발휘하여 한국의 진보를 방해하려 한다.

이 나라의 대중은 아주 쉽게 믿고 흥분을 잘한다. 그들은 외국인들의 행위와 방식에 대해 무척이나 이상한 관념을 가지고 있다. 그런 결과로, 외국인에 대한 보고가 아무리 터무니없더라도 귀담아 듣곤 한다. '주재원'이라 불리는 중국 대사는 갖은 방법을 동원하여 이 나라를 개방하려는 노력을 통제하려고 한다. 예를 들면, 1888년 여름에 몇 명의 소년들이 납치되어 노예로 팔려 갔다는 사실이 알려졌다. 이런 일이 성공하는 경우는 드물지만 때때로 일어난다. 엄청난 동요가 있었고, 위에서 말한 그 중국인은 교묘하게 소문을 퍼뜨리는 방식으로 불꽃에 부채질을 하여 불길로 만들었다. 그는 먼저 일본인들이 아이들을 사서 먹어 치웠고, 다음으로 외국인들이 그들을 사서 약을 만든 다음 눈은 사진을 만드는 데 사용했다고 말을 했다. 이 책의 여러 쪽에서 나타나듯이 사진 찍

기가 취미인 저자의 귀에도 이 보고가 들렸다. 수도는 흥분의 도가니였다. 백성들은 도심에서 외국인이 보일 때마다 눈을 내리깔고 쏘아보았다. 백성들은 떼를 이루었고, 어떤 사람이 선동하듯이 "저기 아이 도둑이 간다." 하고 소리치는 바람에 외국인이 군중에게 밟혀 죽을 뻔한 경우도 두세 번 있었다. 한번은 대로에서 자기 아이를 데리고 가던 남자가 그런 소리를 듣고 공격을 받았는데, 우연히 가까이 있던 하급 관리에게 호소하여 그 도시의 재판장에게 인도되어 가까스로 탈출하였다. 분노가 과격해지자 왕은 그 보고가 거짓이라는 포고문을 발표하고 진정할 것을 명하였다. 이마저도 효력이 없어서, 하루나 이틀 연속 엄중한 칙령이 뒤따랐다. 칙령은 그런 소문을 퍼뜨리는 사람은 즉시 체포해 벌을 내릴 것이고 모든 소란 행위를 즉시 진압한다는 내용이었다. 10일 이내에 소란은 잦아들었고, 며칠 전까지 성난 군중이 모여 있던 곳에는 평상시처럼 웃으며 태평스럽게 걷는 이들과, 상인들, 소비자들만이 보였다. 외국인들은 두려워할 이유가 거의 없었다. 한국인들 중에 무기를 지닌 사람은 극소수이기 때문이다. 무기는 금지 물품이어서 조약 조항에 의거해 원주민들에게는 팔지 못하게 되어 있다.

백성들은 무장한 외국인을 적잖이 두려워한다. 그래서 소요가 일어났을 때에 완전무장하고 단호한 사람이 거리 전체를 정돈하고 무리를 이루고 있던 질 나쁜 사람들을 흩어지게 만드는 일은 놀랄 만한 재주도 아니다.

또 하나 유별나게 한국적인 특성은 호기심이다. 한반도에서 호기심은 여성만의 특성이 아니다. 남성이 여성보다 더 호기심이 많지 않은지 의심스럽다. 물론, 외국인들은 호기심의 대상이고 숙녀들은 특히나 그렇다. 그런 연유로, 외국인들이 특히 숙녀들을 동반하고서 관광이나 구매를 하려고 길을 걸어갈 때면, 종종 6명에서 20명이 넘는 무리가 뒤따른다. 때때로 너무 가까이 몰려들어 불편하기도 하지만, 그들은 모두 선한 사람들이다. 그들은 모든 행동을 관찰하고, 그것에 대해 이야기하고, 한국말로 뭐라 말해도 고마움과 긍정의 웃음으로 응대한다.

한국인들의 또 다른 특성은 나라에 대한 사랑이다. 그들의 애국심은 스위스인에게도 뒤지지 않는다. 이 점은 우리가 직접 목격한 인상 깊은 사건으로 알게 되었다. 1886년 일본에 도착했을 때, 1884년 정변[5] 시기에 정부의 수장으로 개혁을 지휘하였던 김옥균이 요코하마에 머물고 있었다. 우리가 머물던 호텔에는 다른 한국인이 있었는데, 자기 방을 나서는 경우가 거의 없어서 보기가 힘들

---

5 갑신정변을 말함(역자 주).

었다. 우리는 호텔이 감시받고 있다는 사실을 알고 놀랐다. 발각되지 않고서는 그 건물을 아무도 나서지 못할 정도로 일본 경찰관들이 진주하고 있었다. 우리는 나중에 그 한국인이 정부로부터 밀령을 받아 김옥균을 암살하려는 의도로 온 것이 아닌지 의심하였다. 여하튼 일본 정부는 그를 체포했고 한국 정부 관리들에게 인도하고자 한국으로 호송하였다. 한국 같은 동양 정부의 일처리 방식을 아는 사람이라면 그가 당연히 죽임을 당하리라 짐작했고, 그 자신도 그렇게 확신했다. 그가 정부의 위신을 떨어뜨렸기 때문에 그런 결과가 당연했다. 그럼에도 불구하고, 한국의 해안이 눈에 들어오자 그의 얼굴에는 기쁜 기색이 완연했다. 제물포 항에 닻을 내렸을 때, 그는 우리에게로 다가와 그 도시를 가리키며 "내 나라. 매우 기쁘다."라고 영어로 말했다(그가 알고 있는 유일한 영어로 일본인 호위병한테서 배웠다). 우리는 그 이후로 그에 대해 전혀 듣지 못했다.

    이런 경우도 있었다. 우리 거처에 곡예사와 마술사들이 나타났을 때, 바넘 씨가 '돈을 많이 벌 수 있도록' 그들을 고용하면 1년 동안 미국에 가겠느냐고 물었다. 그들이 대답했다. "아주 많이 많이 고맙습니다. 하지만 우리는 나라를 못 떠날 겁니다. 고향이 그리워서 죽을 거예요."

중국인들이 하는 아편 복용이나 흡입과 같은 악행은 극도로 드물다. 아편의 성질은 알려져 있다. 한국인 하나가 나에게 "그건 좋지만 우리가 구입하기에는 너무 비쌉니다."라고 말한 적이 있다. 백성들 사이에 아편이 유행할 가능성은 없어 보인다.

6. 결혼과 여성의 일상

 우리들의 관습과 가장 극명한 대조를 이루는 분야는 한국인들의 사회생활이다. 한국인들의 생활에서 핵심은 여성들의 은둔이다. 거리를 걷는 동안 아주 드물게 여성을 보게 된다. 마주치는 여성들 대부분은 베일과 같은 천을 걸치고 있다. 여성들은 초록 비단에 소매까지 다 있는 일종의 외투로 머리를 두르고, 남자를 만나게 되면 얼굴까지 단단히 가려 두 눈만 보이거나 때때로는 한쪽 눈만 보이게 한다. 그 정도도 보이지 않을 수도 있다. 그렇게 가린 사람은 극도로 수줍어해서 거기에 그치지 않고 몸을 돌려, 등을 도로 쪽으로 하고 얼굴은 길가에 있는 집 벽을 향하는 경우가 허다하다. 하지만 이처럼 부끄러워하고 수줍어하는 여성을 만날 때마다, 반드시 이어서 벌어지게 되는 똑같은 일을 나는 알고 있다. 내가 꽤 멀리 갔다고 생각하면 바로 호기심이 부끄러움을 이기게 되어, 외국인이 어떻게 차려 입었는지 보려고 여인이 모든 속박을 벗어던진다는 점이다. 나는 장난기가 발동하면 여인을 몇 발자국 지나친 뒤에 어깨 너머로 고개를 돌려, 얼굴을 완전히 내놓은 채 두 눈으로 이상한 복장을 걸친 외국인을 바라보는 숙녀를 쳐다보곤 한다. 물론 내 시선에 당황한 여인은 반대 방향으로 허둥지둥 걸어가게 될 것이었다.

사회생활에서 중요한 예의범절은, 집안의 여성들은 보이지 않아야 하고 그들에 관한 대화를 할 때도 그들이 존재하지 않는 듯이 해야 한다는 것이다. 따라서 방문객이 친구를 찾아올 경우, 안으로 안내되어 주인의 처나 첩들 그리고 딸들을 소개받는 경우는 없다. 객간과 응접실은 내당에서 멀리 떨어져 있거나 주인의 거처 앞에 있다. 후자의 경우라면 안쪽 마당이나 여자들의 방이 내다보이는 창이나 문은 없다. 주인은 방문객을 집 앞쪽에서 맞아들이고, 그곳에서 접대한다. 대화에서는 방문객이 가까운 친척이거나 아주 친밀한 사이가 아니라면 집안의 여인네들에 대해서 언급하지 않는다.

우리 사회에서 '연애'라는 친숙한 용어로 통용되는 관습 또한 한국에서는 발견되지 않는다. 젊은 남자는 자신의 기쁨의 배우자이자 슬픔의 공유자를 고를 수 없고, 젊은 여자는 남편을 선택할 때 아무런 목소리도 내지 못한다. 여자는 남자가 거리를 지날 때 창문에 난 구멍으로나 그를 볼 수 있는 정도이고, 남자는 결혼식 날 여자를 볼 때까지는 어떤 모습인지를 자기 어머니나 다른 여자 친척의 설명을 들어서 알 따름이다. 중매는 아버지가 관장하는 집안의 문제이다. 그 방식은 대략 다음과 같다.

혼기에 다다른(14~16세) 아들의 아버지가 자식이 자리를 잡도록 해야 한다고 결정한다. 그리고 아버지는 혼기가 찬 딸이 있는 지인들의 목록을 훑어보고 예비 교섭을 할 집안을 결정한다. 그렇게까지 한 다음에 그는 이 문제를 아내와 상의하고 동의를 얻은 뒤, 어느 아침에 일어나 의관을 정제하고 천천히 거리를 걷는다. "천천히 걷는다."는 깊이 생각하고 사용한 말인데, 한국인들은 좀체 서두르지 않기 때문이다. 서구인들 사이에 자주 회자되는 속담인 "오늘 할 일을 내일로 미루지 마라."는 한국인들의 마음속에서 다른 형태를 취한다. 아마도 이런 식이 될 성싶다. "무슨 일이든 오늘 하지 못했다 해도 다른 날들이 있잖은가. 다른 날이 없다 한들 문제가 되지도 않고."

그렇게 아버지는 친구 집에 도착할 때까지 마주치는 지인들에게 인사를 하고 이런저런 이야기를 나누며 여유롭게 천천히 걷는다. 마침내 그는 나들이옷을 보고 방문 목적을 짐작했을 만도 한 주인의 영접을 받는다. 아마도 서구인들이라면 바로 심중의 의도를 말하겠지만 한국인들은 그렇지 않다. 그는 심중의 가장 중요한 사안을 제외하고 모든 주제에 대해 말한다. 물가, 지난번 기근, 이질, 외국 전함의 위용, 시장의 동향 등과 같은 주제들이 대화의 소재가 된다. 대화 분위기가 가라앉으면 무심한 듯이 그 사안을 언급한다. "그건 그렇고. 나한테 아무짝에도 쓸모없는 아들이 하나 있는데, 이제는 자리를 잡았으면 하네." 그리고 대화는 샛길로 빠져 어떤 주제든 떠오르는 대로 진행된다. 다소간 시간이 흐른 뒤, 주인장이 실제로는(또한 그렇게 받아들여지는) 청혼인 제안에 긍정적이면, 아버지는 아마도 이런 말을 듣게 될 것이다. "오늘 자네가 여기 온 것이 하늘의 섭리 같다는 걸 아나. 때마침 나에게 혼기가 찬 딸아이가 하나 있는데, 자네가 이곳으로 왔네 그려. 어쩌면 무가치한 내 딸이 자네 아들을 공경하도록 가르침을 받지 않았나 싶네." 그때부터 두 아버지들은 합의 과정을 진행하고, 후에 남자의 아버지는 집에 돌아와 아들에게 신붓감을 찾았고 모 일에 결혼식을 올리게 된다고 말한다.

이제 두 집안의 여인네들이 정기적으로 왕래하며 세부 사항을 협의하게 된다. 물론 어머니는 아들에게 신부의 겸양, 미모, 유순함, 순종과 같은 좋은 점들을 상세하게 설명하면서 외모에 대해서도 말해 준다. 젊은이는 이로써 사회 계층의 측면에서 한 단계 상승하게 된다. 그는 성인이 되기 때문에 머리카락을 땋아서 등 뒤로 늘이고 다니지 않고, 정수리에 좁은 부분을 깎고 나머지 머리카락으로 꼭대기에 묶음을 만든다. 그리고 검은 모자를 쓰게 되고, 어른들의 느긋한 걸음과 위엄 있는 행실을 따르게 된다. 그는 또한 높임말을 듣게 된다. 어제의 어린 친구들에게 아랫사람에게 하는 것처럼 말해야 한다. 그는 이제 아무개 '씨(Mr.)'로서 적절한 존중을 받게 된다.

결혼식 뒤에 신부는 표범이나 호랑이 가죽으로 덮인 가마에 앉아 남편의 집으로 안내되고, 그의 가족 사이에서 자신의 지위를 얻는다. 신부는 이제 자기 부모의 가정과 연결되어 있던 끈에 매이지 않게 된다. 그리고 결혼하여 들어온 새 가족의 일부로서, 이제부터 희망과 야망은 전적으로 남편의 집안을 향해 품게 된다.

여성들은 낮 동안에는 거리에 나서지 못하지만, 외출이 가능한 시간이 있다. 통금이 시작되면, 모든 남자들은 집에 머물러야 하고 여성들은 밖에 나갈 수 있다. 여성들은 대체로 외출을 할 수는 있지만 여전히 외투를 머리에 둘러야 한다. 밤이나 낮이나 여성들은 긴 치마를 입고 귀 주위에서 외투 소매를 우습게 펄럭이며 기괴한 형상을 하고 다닌다. 이 시간대에 거리를 걷는 외국인은 외출 중에 재잘대는 작은 무리의 여성들을 많이 만나게 된다.

 만일에 여인이 낮 시간에 출타해야 한다면 엄청나게 요란스러워진다. 여인은 2인용 가마를 이용해 이동한다. 그 가마는 너비가 1평방미터에 못 미치고 높이는 1미터 정도이며, 바닥 틀의 양옆에 있는 고리에 지른 2개의 장대를 이용해 이동하는 상자라고 설명하면 되겠다. 여성의 가마는 천으로 가려지고, 숙녀용 탈것임을 표시하고, 호기심에 엿보려는 눈길을 멀리하라는 뜻으로 청동과 리본으로 만든 작은 장신구들로 덮여 있다. 마님이 외출하고자 하면, 하인 하나가 가마꾼들과 가마를 부르러 간다. 가마꾼들이 가마를 안마당으로 가지고 와 입구에 내려놓고 물러간다. 그들이 떠난 뒤, 마님의 몸종이 나와 주위에 엿보는 이가 없는지 확인하고서 신호를 보내면, 마님이 나와서 가마 앞에 몸을 웅크리고(가마가 너무 낮아서 숙이기만 하고서는 들어가지 못하기 때문에) 발을 끌며 뒷걸음질쳐 안으로 들어가서는 책상다리를 하고 바닥에 앉는다. 차양이 조심스럽게 쳐지고, 안에 앉은 사람이 들여다보이는 틈이 없는지 검사한다. 그런 뒤에 가마꾼들을 불러 방향을 안내한다. 가마꾼들은 가마와 마님을 들어서 정해진 장소까지 모시고 가 안마당에 내려놓고, 돌아갈 때가 되어 같은 일을 다시 해야 할 때까지 물러나 있는다. 가마 차양이 외부에서 안을 바라보는 것을 막지만, 안에서 밖을 보는 것을 막지는 않기 때문에 마님은 길을 가는 동안 밖에서 일어나는 일은 무엇이든 볼 수가 있다.

한국에서 여성의 노동은 영국 여성들의 노동과 거의 동일하다. 여성들은 주방과 세탁실의 여왕이다. 여성은 침모이며 재단사이고, 자기 남편의 직급 표시 장식을 비단으로 수놓으면서 자기 존재의 단순함에 변화를 준다. 한국의 요리는 다양하지 않다. 끓인 밥이 기본 식품이다. 국은 일반적이다. 고기가 우리처럼 일반적이지 않고 고기 요리를 할 때는 주로 굽는다.

한국의 아낙이 요리를 할 때는 많은 시간이 들지 않는다. 가장 지루하고 끊이지 않는 노동은 세탁이다. 빨래는 길가 우물이나 개울가에서 한다. 개울 바닥의 구멍에 옷을 담근 뒤, 매끄러운 돌 위에 놓고서 입은 표시를 두드려 없애고, 몇 번 뒤집어 깨끗해지지 않은 부분을 방망이로 두드린다. 여인네들은 박자를 맞추어 두드리는데, 박자를 한 번도 놓치지 않고 솜씨 좋게 방망이를 이 손에서 저 손으로 바꾼다. 어느 세탁소에서도 이보다 더 하얗게 빛나도록 세탁하지 못할 것이다. 세탁용 풀은 쌀로 만들어 사용한다. 특

성벽 밖 거리에서 베개를 걸치고 걷는 여인들.

6. 결혼과 여성의 일상

히 흥미로운 점은 다림질 방식이다. 우선, '다리미'는 나무로 만들어졌고, 평평하지 않고 둥그렇다. 다림판은 평평한 판이 아니라 나무로 된 밀대이다. '다리미'를 데우지 않고 대신에 종종 '다림판'을 놓는 평평한 돌을 데운다. 주름을 펴기 위해서는 지속적으로 누르는 대신에, 북치는 사람처럼 빠르고 날카롭게 두들겨서 다림질한다.

들판에서 작물을 거두고 때때로 식사 준비를 돕는 여인네를 드물지 않게 보지만 한국 여성들은 일본 여성들에 비해 야외 작업을 훨씬 덜 한다.

여성들은 바느질을 아주 깔끔하게 한다. 그들은 아주 침착하다. 하루 동안 많은 작업을 하지는 못하지만 끝마친 일은 그 수준이 훌륭하다. 수놓는 일에서 한국인들은 특별난 기교를 보이지는 않는다. 모든 자수는 판에 박은 듯하다. 바위를 묘사하는 방식이 모든 수예품에서 반복된다. 새, 박쥐 그리고 나비를 묘사할 때 한국인들은 대단히 사실적이고, 대나무와 여러 가지 꽃과 같이 인상적인 형상들을 재현하는 데는 정확하다. 한국인들의 수예품이 주는 일반적인 인상은 단조로움과 지루함이다.

7. 관습

한국에서 유행하는 한 가지 전통이 명백하게 국가의 발전을 방해하고 있다. 양반이라 불리는 신사나 귀족 계급에 속한 남자들은 생활필수품을 공급해 줄 수단이 없을지라도 먹고살기 위해 일해서는 안 된다는 전통이다. 양반 남자는 굶거나 구걸할 수는 있지만 일해서는 안 된다. 친척이 지원하거나 아내가 어떤 식으로든 생계를 책임질 수 있지만, 양반 남성은 손에 흙을 묻혀서는 안 된다.

왕립 대학[6]이라 불리는 왕실 학교에서 일하기 위해 우리가 한

---

6 육영공원을 말함(역자 주).

국에 도착했을 때, 한국인들이 우리를 외국의 과거에 합격하여 관직을 얻은 사람들처럼 부러움의 대상으로 바라본다는 사실을 알게 되었다. 달리 말하면, 우리는 한국적 의미에서 '신사'로서 존중을 받았고, 대신 우리의 지위에 어울리는 위엄을 유지해야 한다는 요구를 받았다. 한국의 '신사들'은 무엇이든 직접 들고 다녀서는 안 된다. 귀족들 중에서 선발되어 우리와 함께한 학자들조차도 자신들의 책을 서재에서 강의실까지 직접 가져오지 않는다. 하인이 대신 가져와야만 한다. 신사는 외출할 때마다 소지품을 나르는 하인 한 무리를 대동한다. 하인의 수는 지위나 재력에 따라 다소 다르다. 그들은 담뱃대조차 들고 가지 않는다. 그러니 우리가 외출할 때, 무엇이든 직접 들고 간다면 우리 수행원들의 뜻에 심각하게 반하는 행위가 되는 것이다.

우리가 도착한 뒤, 곧 왕명에 따라 병사 1명이 개인 수행원 겸 전령으로 각자 선생에게 배속되었다. 우리 둘이서 사냥하러 나가면, 수행하는 병사가 항상 총을 사냥터까지 가지고 왔다. 언젠가 한번은 엽총과 소총 한 자루씩을 들고 사냥을 나갔는데, 내 수행원이 힘들어하는 모습에 측은한 마음이 들었다. 결국 수행원은 내가 총 하나를 직접 가지고 가는 데 동의할 수밖에 없었다.

한 선생이 봄에 삽을 들고 자기가 아주 좋아하는 정원 가꾸기를 시작하자, 한 수행원이 달려와 '막일꾼의 일'을 한다고 그를 나무란 뒤 손에서 삽을 빼앗았다.

그러나 그 같은 터무니없는 편견에도 불구하고 한국에는 인도의 카스트 제도와 비슷한 것이 전혀 없다. 남자들은 학문 연마를 통하여 농민 계급에서 학자나 귀족의 지위로 나아갈 수 있다. 백성들은 관리들을 매우 존중한다. 예를 들어 업무에 대해 논의할 때, 특정 계급 이하의 남성('참의'라 불림)은 상위 계급 남성의 면전에서는 앉으라는 권유를 받지 않으면 앉을 수조차 없다.

관리가 길에 나서면 앞장서서 길을 정리하는 병사들과 수행원들이 모든 백성들에게 일어서서 관리에게 예를 표하라고 명령한다. 고위직 관리의 경우에는 한 무리의 병사들이 관원의 가마보다 거의 100미터 앞서 가면서 목청 높여 소리를 지른다. 그 소리는 "키구체구우우, 키루체루우우!"처럼 들리는데, 짧은 간격을 두고 반복된다. 일반적으로 나이든 두 병사가 앞의 소리를 교대로 지르면서 임무를 수행한다. 그 소리의 정확한 뜻을 알아내지는 못했지만, 의미는 명백하다. "들어라! 어르신이 지나가신다. 길을 비키고 경의를 표할 준비를 하여라." 정도이리라. 길 양쪽을 따라 걷는 2명의 길잡이를 30~40명의 인원이 뒤따르고, 또 군 장교의 경우에는 2열 이상으로 늘어선 병사들이 대검을 장착한 머스켓 총을 몸에 지니고 장교의 가마를 에워싸고서 따르며, 그 뒤로 하인들, 비서들이 여러 기구를 들고서 열 지어 따른다.

예절은 등급에 따라 아주 정밀하게 세분되어 있다. 주인이 떠나는 손님을 동행하는 거리마저도 그 손님의 공적인 지위에 따라서 구분되어 있다. 이상한 관습이 있는데, 가까운 두 친구가 말을 타고 거리를 지나면서 마주쳐도 말을 걸지 않고 서로를 아는 체하지 않는 것이다. 가마에 탄 한국인이 안면이 있는 외국인을 거리에서 만나면, 대체로 가마를 멈추고 내려서 인사를 한다. 이는 존중의 표시이고, 같은 한국인들에게는 표하지 않는 경의이다.

한국인 남성들은 각자 자신의 이름과 주소가 적힌 작은 나무 조각으로 된 신분증을 지니고 다닌다. 신분증은 의무적으로 지녀야 한다. 나는 수차례 신분증 하나를 사려고 해 봤지만 성공하지 못했다. 신분증이 얼마나 중요한지 보여 주는 꽤나 결정적인 증거이다. 한 수행원에게 신분증을 잃어버리지 않으려 애쓰는 이유를 묻자, 생동감 있게 답을 하였다. "이것을 잃어버리면……." 그는 손가락을 자기의 목에 가져다 대고 어깨를 들썩이면서 목을 베는 시늉을 해 보임으로써 끝나지 않은 문장을 완성하였다. 그가 나의 고지식함을 가지고 장난을 쳤을지도 모르지만 그의 진술에는 근거가 있어 보였다.

한국 생활 중에서 독특한 것으로 '장'이라 불리는 시장을 들 수 있다. 시골에서 거래가 '장'에서 이루어지는데, 이 시장은 대부분 천변이나 교차로 근처의 평평한 지점에 선다. 이곳에서는 여관 몇 곳과 물건들을 보호하려고 쳐 놓은 투박한 차양이 눈에 띈다. 시장은 닷새마다 서는데, 평상시에는 버려진 마을처럼 보이던 장소가 장날이 되면 이동하는 무리들과 장사치들의 고함소리로 떠들썩하며 생기를 얻는다. 물건들이 차양 아래 또는 공터에 펼쳐지고, 종종 커다란 우산을 받치고 그 밑에 상인의 판매 물품을 놓기도 한다. 지역마다 장이 서는 날이 다르기 때문에, 행상들은 지난 장에서 팔지 못한 나머지 품목을 자신들이 직접 등에 지거나 소나 나귀에 싣고 이곳저곳으로 이동한다. 이런 관습에서 유래한 직업이 행상과 짐꾼이다. 행상들은 부상이라는 이름으로 불리는 집단을 구성한다. 짐꾼들도 조직이 되어 보상이라 불린다. 부상은 정부의 보호와 감독을 받는다. 이들은 1000명씩 나뉘어 있으며, 내무부가 임명한 우두머리 또는 대장이 있다. 정부는 이들을 다양한 방식으로 이용한다. 예를 들면 이들이 수사관으로 복무하는 경우도 있다. 떠도는 생활이 그 직무에 유용하기 때문이다. 그들은 또한 군 복무 자격도 갖고 있다. 보부상의 수는 5000에서 1만 명에 이르며 이들은 애국심이 강하다. 다음은 서울 주재 미합중국 영사관 공관원인 푸크 씨(Mr. Foulk)가 상세하게 서술한 것인데, 요새이자 수도의 성곽 가운데 하나인 송도를 방문하고 돌아오면서 경험한 내용이다.

"해가 저물 때 우리는 발길을 돌렸다. 부상의 관리인 행정관이 자신의 인장을 사용하여 30명을 불러 산을 내려오는 길을 밝히게 했다. 우리는 인적이 전혀 없는 거친 임야 지대에 있었기 때문에, 이 사람들이 어디서 왔고 어떻게 호출을 받았는지 알 수 없었다. 패랭이를 쓴 건장한 산사람들이 재빠르게 나타났다. 패랭이에는 목화송이가 줄에 묶여 달려 있었고 테에는 '성(誠)'과 '충(忠)' 자가 적혀 있었다. 부상들은 앞으로 나아갈 길과 각자의 위치를 알리기 위해 날카롭게 울리는 기괴한 소리를 내며 소나무 횃불로 길을 밝혔다. 우리는 험난한 협곡을 길고 꾸불꾸불하며 기묘하게 생긴 행로를 따라 내려왔다. 불현듯 우리 앞에 첫 번째 협곡의 가장 어두운 지점에 있는 작은 정자가 나타났다. 그곳에는 부상 200여 명이 계곡 옆에 수많은 모닥불과 횃불을 밝히고 모여 있었다. 그들은 관원의 호출에 따라 산중에서 우리를 위해 잔치를 준비하고 있었다. 관리는 전에 미합중국 공사였던 민영익이 갑작스레 송도 지역 부상들을 호출하여, 단체의 충성심과 유용성을 나에게 보여 주라고 부탁했다고 전했다. 그래서 그는 깊은 밤에 이 산중을 선택

했던 것이다. 놀랍고 인상적인 경험이었다는 것은 말할 필요도 없겠다. 부상들을 대하는 관리의 태도는 매우 친절하고 유쾌했으며, 부상들도 마찬가지로 최고의 존경과 애정을 관리에게 표현했다. 영광스럽게도 각양각색의 음식이 쌓여 있는 커다란 탁자의 중앙 좌석이 나에게 배정되었다. 그리고 깔끔한 차림새에 친절한 표정을 한 나이든 부상 지도자를 소개받았다. 그는 생애 처음으로 외국인과 유쾌하게 대화하게 된 기쁨을 신기하다는 듯이 표현했다. 사람들은 내가(다른 외국인들 무리와는 달리) 한국을 전적으로 혼자서 여행한다는 사실을 매우 즐겁게 여기는 것 같았다."

"도시로 돌아오는 길에 우리를 책임진 부상들의 요청에 따라 호위병들은 후방으로 물러났다. 우리는 바위가 많은 개울을 건너고 바위 계곡을 오르내렸다. 그들은 비교적 평탄한 도시 길이 나타날 때까지 10킬로미터가 넘는 길을 내내 열정적이고 유쾌하게 인솔하였다. 일정한 간격을 두고 길을 따라 놓여 있던 횃불은 길을 밝히려고 30~40명이 가지고 가면서 놓아둔 것이었다. 우리는 새벽 3시에 공식적인 거주지인 영문에 도착했다. 그곳에서 부상들은 해산해 대개 산중에 있는 집으로 돌아갔다."

한국인들의 사소한 관습이 외국인들에게는 특이해 보이는 경우가 많다. 예를 들면, 방문객은 어느 집에 들어가거나 거리에서 지인과 인사를 나눌 때도 모자를 벗지 않는다. 하지만 어딘가를 방문했을 때는 우리의 슬리퍼처럼 생긴 신발을 문 앞에 벗어 둔다.

한국어는 단어로 표기되지 않고 음절 단위로 표기된다. 따라서 한글은 위에서 아래로, 왼쪽에서 오른쪽으로 또는 그 반대로 써도 명료하게 읽을 수 있다. 하지만 일반적인 글쓰기 방식 그리고 유일한 활자화 방식은 오른쪽에서 시작하여 세로로 진행하는 것이다. 주로 인사말과 작자의 이름이 맨 먼저 온다.

한국인들은 우리보다 훨씬 많이 앉아서 일한다. 여성은 앉아서 설거지와 다림질을 하고, 목공은 앉아서 대패질과 톱질을 하며 노동자도 앉아서 나무를 자른다. 손으로 셈하는 방법이 독특하다. 손가락 모두를 오므리고 하나는 엄지를 펴고, 둘은 검지를 펴는 식이다. 그리고 여섯은 새끼를 오므리고, 일곱은 약지를 오므리며, 열하나는 엄지를 펴는 식이다.

이름을 말할 때는 중국에서처럼 성씨가 앞에 온다. 누군가의 이름을 김철모라고 쓴다면 그는 미스터 김(Mr. Kim)이 된다. 하지만 그 사람은 그런 식으로 불리지 않고 '김 서방'이나 '김씨(Kim Mr.)'라고 불린다. 이처럼 모든 칭호는 성씨 뒤에 온다. '후작 민'이라는 귀족은 '민 후작'이라 불린다.

사열을 할 때에 기병대는 말 둔부를 길 쪽으로 향하여 정렬한다. 나침반의 네 방향은 동, 서, 남, 북 순서로 말한다. 네 방향 사이는 '남-동', '북-서'가 아니라 '동-남', '서-북'이다. 쟁기는 흙을 왼쪽으로 넘겨 고랑을 만든다. 널빤지와 판자를 만드는 데 사용하는 톱은 이가 모두 한 방향을 향하지 않고 중앙에서 뻗어서 다른 쪽으로 엇갈려 있다. 분수를 읽을 때는 분모가 먼저 온다. '삼-사분'이 아니라 '사분-삼'이다. 여흥 자리에서 상석은 주인의 왼편이다. 계절은 우리와 순서가 같지만, 기온이나 태양의 진행과 무관하게 처음 세 달이 봄, 다음은 여름 순이다.

8. 복식

한 영국인이 자신이 본 가장 더러운 사람은 깨끗한 한국인이라 한 말을 들은 적이 있는데, 한국 방문객이라면 대체로 그 말에 동의할 것이다. 한국인들을 위해 변명을 하자면, 그들이 입는 흰 여름옷은 아주 쉽게 더러워지고, 두껍게 누빈 겨울옷은 빨기가 힘들다는 말을 해야겠다.

한국에서는 면, 비단 그리고 모시 같은 옷감을 사용해 옷을 만든다. 모직 옷은 한국에서 찾아볼 수 없다.

옷 색깔은 흰색이 널리 유행하고 있다. 하지만 여성의 옷을 만드는 면은 푸른색으로, 남자아이와 여자아이용 천은 붉은색이나 분홍색으로 염색하는 경우가 종종 있다. 비단은 검은색을 제외한 모든 색깔이 있지만, 가장 화려한 천은 남성들을 위해 사용된다. 검은색은 모자에만 사용된다. 한국 거리에서 보이는 색채의 향연은 매우 다양하고 밝은데, 높은 곳에서 바라보면 특히 더 그렇다.

이 사람들이 몸단장에서 제일 관심을 갖는 부분은 머리카락이다. 소년들은 검은 머리카락을 땋아서 등 뒤로 늘어뜨린다. 이것을 중국인들의 변발과 혼동해서는 안 된다. 중국인들은 정수리에 있는 머리카락을 제외하고 모두 면도하지만 한국 소년은 모두를 땋는다. 소년이 약혼이나 결혼을 하면 성인이 되는데, 머리카락 손질 방식으로 그 변화를 표시한다. 소년은 땋은 머리카락을 풀고 머리의 정수리에 동전만 한 부분을 면도한 다음, 머리카락을 이마 끝에서 5센티미터 정도 위 지점으로 빗어 모아 '상투(top-knot)'를 튼다. 머리 위로 작고 무딘 뿔처럼 솟아나 보이는 이 묶음은 높이가 5센티미터 정도 된다. 다음 작업은 망건을 묶는 것이다. 3~4센티미터 너비로 말총을 짜서 만든 망건을 이마 주위에 묶는다. 머리 둘레에 단단하게 당겨서 뒤에 묶으면 된다. 소년이 망건을 착용하게 되면 어른이 된다.

여성들은 가운데에 가르마를 탄 뒤, 반듯이 빗어 넘겨 뒷목에

낮게 똬리 모양의 쪽을 짓는 방식으로 매우 깔끔하게 머리카락을 손질한다. 이 똬리 사이로 핀을 꽂아서 고정시킨다.

보통 입는 의상 목록은 모자, 허리까지 닿는 헐거운 윗도리, 허리띠로 졸라매고 발목부터는 각반 안으로 모아 넣어 발목에서 동여매는 헐겁고 펑퍼짐한 바지, 면으로 속을 넣은 긴 양말, 소매가 넓게 퍼져 엉덩이나 그 아래까지 닿고 밑자락에서 손목까지 바느질이 되어 아주 넓은 호주머니 모양이 된 맨 위에 걸치는 외투이다. 잊지 말아야 할 것은 동전 지갑, 칼 그리고 담배 주머니와 담뱃대, 부싯돌과 부싯깃이나 성냥이다. 이런 물건이 없이 한국인으로서 옷을 갖춰 입었다고 할 수가 없다. 흡연은 보편적이어서 소년들과 여성들도 연초를 피운다.

한국인의 지위는 담뱃대의 길이로 대강 분별 가능하다는 한 여행객의 말은 옳다. 관리는 담뱃대 통에 손이 닿지 않아서 성냥으로 불을 붙이지 못한다. 그래서 지위가 높은 사람은 하인을 시켜 담뱃대를 채우고 불을 붙인다. 담뱃대 장식이 기호를 나타내 준다. 통은 주로 쇠로 만들어져 있고 빨대도 흔히 같은 재료로 되어 있다. 가장 값이 나가는 빨대는 옥으로 만든 것이다. 짧고 간편한 외국 담뱃대가 노동자들 사이에서 사용되기 시작했지만, 저명인사들에게는 혐오스런 대상이다.

한국은 머리 착용물의 영역에서는 세계를 선도하는 모자의 나라이다. 모자는 테에서 중앙까지가 60센티미터를 넘어 보인다. 보통의 모자는 검은색 말총으로 짜서 만든다. 때때로 모자를 1개만 쓰지 않고 3개를 한꺼번에 쓸 때도 있다. 첫째는 망건이고, 다른 하나는 착용자가 '과거를 치렀음'을, 즉 '학자'가 되는 시험을 통과했음을 표시하는 것이며, 이 위에 테가 정연한 일반적인 검은 모자를 쓴다. 궁궐에서는 겉의 모자를 벗고, 과거 모자 대신에 비슷한 모양의 다른 모자를 쓴다. 그 모자에는 뒤쪽에 2개의 작은 날개 같은 장식이 붙어 있는데, 이 장식은 귀 바로 위까지 둥근 모양으로 헐겁게 뻗어 있는 듯한 모양을 하고 있다. 이 헐거운 귀 장식은 왕의 명령에 열려 있는 관리들과 신하들의 귀를 상징한다. 왕도 같은 모양의 모자를 쓰고 있지만 귀 장식이 꽉 붙어 있다. 누구도 왕에게 명령을 내릴 수 없기 때문이다.

중국에서처럼 한국에서도 타인의 면전에서 모자를 쓰는 행위는 존경의 표시이다. 모자 쓰는 방식이 고유하고 고도로 세세하게 정해져 있어서, 모자를 보고 고위 관리의 지위를 짐작할 수 있다. 그것은 한 한국인의 말처럼 "과장이 아니고, 절대 과장된 것이 아니다."

외투의 모양은 몇 가지가 있다. 하나는 꼬리가 많이 늘어진 정장 야회복과 아주 흡사하다. 다른 하나는 앞에서 언급한, 펄럭이는 소매가 커다란 상복처럼 생긴 옷이다. 이 옷의 색깔은 주로 흰색이다.

소년들, 특히 결혼할 예정인 소년들의 옷은 분홍색이다. 때때로 연한 파란색이 있고, 이따금 녹색도 있다. 종종 각기 다른 색으로 된 두세 벌의 외투를 동시에 입는데, 매우 예쁘게 보일 때도 있지만 대개는 아주 이상해 보인다. 겨울 외투도 같은 재질을 사용하지만 면을 채우거나 누벼서 만든다. 부자들이 입는 겨울 외투에는 담비나 밍크 모피를 가장자리에 대거나 안감으로 붙이기도 한다. 웃옷과 바지도 겨울용으로는 겨울 내내 지속되는 혹독한 추위를 잘 견딜 수 있도록 솜을 덧대거나 누벼서 만든다.

여성 의상은 위에서 설명한 것과 별반 다르지 않다. 여성들은 남성들처럼 나무와 가죽으로 된 신발, 솜을 누빈 양말, 바지와 각반을 착용하지만 그 위에 무릎 밑까지 내려가는 파란색 긴 치마를 입는다(소녀들은 주로 분홍색을 입는다).

거리에서 마주치는 대부분의 여성들은 깔끔함의 모범을 보여준다. 신발, 양말, 치마 그리고 각반 등이 햇빛에 반짝이는 눈과 같다. 여성들은 장식을 좋아하고 피부를 하얗게 하는 분을 사용하는 데 재주가 있다. 여성들은 결혼반지를 하나가 아니라 2개 끼는

데, 아주 두껍고 묵직한 은가락지가 그것이다.

여성 의복 중에서 가장 눈에 띄는 품목은 머리 위에 쓰는 외투다. 이것은 녹색이나 파란색 베나 비단으로 만들어진다.

관리들의 궁정 의상도 빼놓을 수가 없다. 관리의 복장에는 위에서 기술한 품목들 외에, 사각형 천에 여러 형상을 새겨서 등과 가슴에 덧대어 만든 짙은 녹색 외투가 있다. 형상의 종류는 문관의 지위를 나타내는 학과 무관의 지위를 나타내는 호랑이로 나누어진다. 특정 등급 이하의 모든 관리들은 하나의 형상만 달고, 그 이상 등급은 둘 다 단다. 지위를 나타내는 이 표식 외에 귀 뒤쪽 망건에 다는 것이 하나 더 있다.

외국인들이 보고 놀라는 것 하나가 부채를 보편적으로 사용한다는 점이다. 군인도 소지하는 장비 중 하나가 커다란 부채이다. 하인들을 부리는 모든 사람들은 여름 동안에 하인들에게 이 필수품을 제공해야 한다. 부채는 시원하게 하는 데뿐 아니라 과도하게 호기심 넘치는 관찰자로부터 얼굴을 가리는 데도 사용된다. 우리는 말을 타고 지나가는 한국인들이 얼굴이 보이지 않도록 부채를 얼굴 앞에 펼쳐 든 모습을 재미있게 바라본 적이 아주 많다.

한국인들은 여름에 시원하게 해 주는 독특한 기구가 있다. 대나무를 갈라서 멋있는 모양으로 짠 틀을 몸 바로 위에 걸치는 것인데, 이것은 어깨에 걸면 몸 위로 튀어나오게 만들어져 있다. 그러면 웃옷과 몸 사이에 공간이 생겨 옷감 밑으로 공기가 통하고 자유롭게 순환하게 된다.

9. 놀이와 왕의 행차

한국인들은 유희를 좋아한다. 아직 잘 서지도 못하는 작은 어린 아이부터 머리카락이 센 내무장관까지 모두 유희를 좋아하고, 유쾌하게 자기 몫을 한다. 도시의 거리나 시골길을 걷다 보면 우리나라에서처럼 다양한 놀이를 보게 될 것이다. 각 놀이에는 알맞은 계절이 있다.

가장 대중적인 오락은 연날리기이다. 한국 연을 날리려면 영국 연을 날리는 것보다 훨씬 많은 기술이 필요하다. 한국 연은 모양이 독특하다. 거의 정사각형이고 중앙에 구멍이 나 있는 상태인데, 얇은 댓살에 질긴 종이를 붙여서 만든다. 위쪽 꼭대기 가까운 두 변과 아래쪽 중앙에 연결된 실 세 가닥을 연줄에 연결한다. 연의 중심을 잡으며 연줄을 연결하려면 숙련된 기술이 필요하다. 연에는 대체로 꼬리가 없어서 연줄을 상당히 많이 풀 때까지는 움직임이 불안정하다.

모든 연령대의 성인 남자들과 소년들이 연날리기를 즐긴다. '연싸움'은 연날리기에서도 특히 흥미진진한 놀이 방식이다. 이 싸움의 참가자들의 목표는 상대의 연줄을 꼬아서 연이 떨어지도록 하거나 연줄을 잘라 상대편 연이 날아가게 만드는 것이다. 연들이 살아 있다는 착각이 들 정도로 공중에서 질주하고 치솟고, 서로에게 돌진하고 뛰어든다.

연싸움을 구경하려고 가게 점원은 종종 손님 접대를 멈추고 판매 손실을 감수하기도 하지만, 대체로 다른 사람들처럼 손님도 그 놀이를 보고 싶어한다. 이 접전에 관심이 아주 커서, 때때로 1000명이나 되는 사람들이 모여서 숨이 멎는 흥분 속에서 지켜본다. 구경꾼들이 얼마나 열중하고 있는지는 한 경쟁자가 득점하거나 경기를 이길 때 쏟아지는 격려와 실망의 외침소리로 나타난다.

겨울과 초봄에 선호하는 오락은 줄넘기와 널뛰기(see-saw)이다. 동전 던지기도 젊은이들과 노인들 사이에 유행하는 놀이이다. 동전 던지기 기술의 자웅 겨루기에 참가한, 자기 동네에서는 최고인 소년들 앞에 작은 고리가 쌓여 있는 모습을 종종 볼 수 있다. 소년들이 거리에서 팽이를 치는 모습도 볼 수 있다.

가장 일상적인 한국어 단어들 중 하나가 구경이다. 사람들은 장관(壯觀)을 무척 좋아한다. 그래서 왕과 왕자가 소풍, 참배, 또는 다른 목적으로 궁궐을 나서는 날은 휴일이 된다. 이 날은 과시를 위한 기회가 되고 백성들은 그 광경을 보려고 모여든다.

거동 행렬이 다가온다! 노동자들이 바구니로 흙을 날라다 왕이 지나갈 길 한가운데 뿌린다. 왕의 육체는 신성하기에 보통 사람들이 밟고 지나간 흙 위로 지나가서는 안 되기 때문이다. 제왕의 발바닥 밑에는 새로운 흙이 놓여야 한다.

마침내 행렬이 다가왔다. 보병과 기병, 창병, 검객, 궁수 등 여러 종류의 병사 무리가 앞장을 서고 있다. 지휘관과 장군들은 각자의 말 위에 앉아 옆에서 걷고 있는 사람들의 도움을 받아 자세를 유지하고, 말은 하인이 끌게 하면서 열 지은 병사들의 호위를 받는다. 작은 말들은 청동 장식 덮개를 쓰고 있다. 관리들은 가장 화려한 망토를 걸치고 있고, 깃발이 바람에 펄럭인다. 곤봉으로 무장한 사람들이 길가를 따라 지나면서 백성들을 곤봉으로 밀치고 때려서 길을 정리하고, 때때로 운 나쁜 사람 몇을 골라 혹독한 형벌을 주기도 한다. 이제 한 무리의 호랑이 사냥꾼들이 화승총과 수발총으로 무장하고 다가온다. 그들은 겁이 없는 사람들이라고 알려져 있다. 누가 감히 인간을 잡아먹는 무시무시한 짐승과 맞설 수 있겠는가? 펑퍼짐하고 화려한 파란색 제복을 입고, 빨간 술로 장식된 챙이 넓은 모자를 쓴 그들의 모습이 인상적이다.

그들 바로 뒤에는 보병 연대가 후장식 레밍턴 소총에 사브르 총검을 꽂고서 외국풍으로 보이도록 한 제복을 입은 채로 옆으로 길게 서서 행진한다. 장군들은 수행원들의 부축을 받아 턱없이 무기력해 보이는데, 그렇게 부축을 받으면서 자신의 말을 타고 전투에 나간다고 한다. 문관 장교들은 많은 수의 하인들을 대동한다. 새로운 광경이 펼쳐진다. 한 관리가 남자들이 어깨에 메고 운반하는 의자에 앉는 대신에, 안장이 바퀴 위에 놓여 있는 외바퀴 자전거를 타는 장면이다. 양편의 하인들이 그 관리를 붙잡고 노동자들이 안장 밑으로 관통한 막대기를 밀고 당겨서 동력을 만들어 내고 있다.

작은 말 위에 우스꽝스럽게 올라탄 기병 부대, 중세나 현대 무기를 소지한 보병 대대와 창병과 몽둥이를 소지한 병사들과 검객들 무리, 궁수들과 다른 집단들을 보며 지쳐갈 무렵에 나팔수 무리가 왕이 다가옴을 알리는 소리가 들려온다. 왕 앞에는 항상 장정 여덟이 운반하는 의자 가마가 앞장선다. 이 의자 가마는 임금이 앉는 의자와 모양이 똑같다. 이 풍습은 왕이 항상 폐쇄된 가마에 앉아 이동하던 시기에 시작되었다. 군주가 외출했을 때 음모가 진행되어 왕이 앉아 있는 것으로 알려진 가마에 그를 암살하려는 화살이 날아든 적이 있었다. 그러나 우연히도 왕은 다른 가마에 타고 있어서 위기를 모면했다. 그 사건 이후로 항상 빈 가마를 왕의 행렬에 포함시켰고, 폐쇄 가마를 사용하는 한 왕이 어느 가마에 있는지 알 수 없게 되었다. 그러나 왕국의 통치자가 개방 가마를 타기 시작한 이후로, 그 풍습은 단순히 과거의 왕 살해를 기억하는 차원에서 유지되고 있다. 왕은 아무도 자신을 내려다보지 못하도록 공중으로 높게 떠받든 커다란 개방 의자 가마로 이동한다. 백성들은 왕이 지나갈 때 머리를 굽히는 데 익숙해져 있지만, 누구든 바라보려고 한다면 왕을 온전히 볼 수 있다. 외국인들이 무리지어 있는 경우, 왕은 거의 항상 잠시 멈춰서는 호의를 베푼다. 외출 중에, 자신을 알현했던 외국인이나 자신이 소문으로라도 아는 외국인들을 지나칠 때면 대개는 정중한 인사와 매우 밝은 미소로 인사한다. 왕의 뒤로 보통은 두 번째 빈 의자 가마가 따르고, 그 뒤로 아버지와 함께하는 왕자를 실은 가마가 뒤따른다. 그들의 뒤로 다른 병사들의 무리가 앞선 행렬을 거의 반복하듯이 따라간다.

왕의 출행일에 한국의 수도에서 볼 수 있는 것처럼 다양하고 화려한 색깔의 향연은 내가 아는 어느 행렬에서도 보지 못했다. 군대의 다양한 복장, 비단으로 수놓은 화려한 왕실기와 군기, 번쩍이는 마구(馬具), 궁궐 사람들의 화사한 복장이 길가에 서 있는 백성들의 나들이옷과 어우러져, 아마도 인도를 제외한 세계 어느 곳에서도 비길 바가 없을 듯한 만화경을 만들어 낸다. 이러한 출행은 왕이 백성들에게 자신을 내보여 그들의 호감을 지속시키는 좋은 기회이다. 왕은 1년에 네다섯 번 출행함으로써 자신의 인기를 유지하는 데 성공하고, 동시에 이런 경우를 제외하고는 군중이 접근할 수 없게 함으로써 '왕을 둘러싼 위엄'과 존엄한 왕국의 통치자에 대한 평민들의 경외감을 유지한다.

영국의 신비극이나 기적극을 떠올리게 하는 또 다른 장관이 있다. 산비탈에 자연적으로 만들어진 극장이 있는 골짜기에 수많은 사람들이 모인다. 기묘한 가면을 쓴 배우들이 신비한 전설적 인물을 형상화하고, 공연은 2~3일 동안 계속된다. 이 공연의 목적을 잘 이해할 수가 없지만, 재미있는 점은 지역의 관리들이나 선비들은 관람하지 않는다는 것이다. 정통 유생은 그 공연을 불쾌하게 생각하는 듯하다. 관람료는 전혀 없다.

늦겨울과 초봄에 대유행하는 놀이는, 최상의 활력을 자극하고 최고의 열정을 불러일으키는 돌싸움이다. 마을은 주로 완만한 산

옛날의 광화문.

의 기슭 주위나 경사면 위 그리고 큰 산의 지맥에 형성된다. 대개 두 마을 사이에 넓은 평지가 펼쳐져 있어 매년 전장으로 쓰인다. 놀이는 일반적으로 기분 좋게 시작되어 끝까지 그렇게 지속되기도 하지만, 때때로 악감정을 일으키고 험악한 분노를 자극하기도 한다. 놀이는 주로 오후 일찍 소년들이 시작하고, 저녁이 다가올 때까지 산만한 싸움이 진행된다. 그 뒤로 어른들이 도착해 개입하기 시작하면 싸움이 격렬해졌다가 해가 지면 곧 끝난다. 사용되는 무기는 돌과 몽둥이다. 손이나 짚으로 끈을 엮어 만든 투석기로 돌을 발사한다. 때때로 돌싸움은 단순한 놀이 이상이 되고, 마을들 사이에 존재하던 악감정이 표출되는 기회가 된다. 이따금 참가자들이 아주 많고 소란이 격렬해져서 생명까지 위험해지는 경우가 있으며, 왕의 귀에까지 그 소식이 전달되어 싸움을 그치라는 명령이 내려지기도 한다. 사람이 거의 다치지 않는 점이 신기하다. 하지만 참가자들이 면으로 속을 채운 길고 펑퍼짐한 외투 등의 겨울 의상을 입고 있다는 점을 떠올리면, 첫 눈에 보기보다는 훨씬 덜 위험한 것 같다. 한국을 방문하고 이런 싸움을 보지 못한 여행자라면, 이 낯선 사람들 사이에서 목격할 수 있는 가장 특이한 광경을 놓친 것이다.

한국인들은 노래 부르기를 아주 좋아한다. 대부분의 노래는 아주 단조로워서 중세 수도사들의 성가가 떠오른다. 한 가지 음이 채택되어 지속되며 화음은 존재하지 않는다. 한국 음악에는 멜로디만 있다. 베이스조차도 알려져 있지 않다. 그래서 한국인들에게 외국 악단은 알 수 없는 소리를 쏟아내는 것으로 보인다. 전함에 타고 있던 악단이 서울을 방문했을 때 큰 무리의 사람들이 음악을 들으려고 모인 적이 몇 번 있었는데, 그때마다 '기괴'하다는 평이 나왔다.

한국인들이 좋아하는 악기는 작은 나팔과 코넷이 결합한 형태를 하고 있는데, 주둥이와 대는 갈대와 대나무로, 끝부분은 청동으로 만들어져 있다. 만찬 때는 악단이 소위 '음악'을 연주하는데, 서양인들의 귀에는 확실히 불쾌한 인상을 준다. 악기는 중국에서 기원한 것으로 매우 불완전하고, 음악은 단조로 되어 있다.

춤도 좋아하는 오락이지만 일본 무희들의 자세를 따르고 있다. 굽이치는 팔과 손 그리고 몸의 동작은 말끔하지만 느린 미끄러짐과 결합하여 매우 우아해 보인다.

한국인들의 제사는 죽은 자들에 대한 배려만으로 한정된다. 하지만 한국인들은 죽음을 두려워하지 않는 것 같다. 왜냐하면 그들의 신앙이 현재 너머의 삶을 바라도록 하기 때문이다. 노년에 이르지 않은 친구나 친척을 데려갈 때는 하늘이 화가 나서겠지만, 벌을 받는 것은 생존자들이지 죽음이 데려간 자가 아니다.

낮은 산이 매장지이다. 수도를 나와 어느 길로 가든지 여행객은 골짜기를 제외한 작은 산이나 완만한 언덕 꼭대기나 구릉에 있는 무덤을 보게 될 것이다. 죽은 사람의 사회적 지위는 항상 봉분의 크기와 무덤의 너비로 추측이 가능하다. 왕실의 일원인 경우에는 묘지 하나가 언덕 하나를 차지하고 다른 누구도 그곳에 매장될 수 없다. 부자나 고위 관리의 경우는 언덕 하나에 몇 개의 무덤이 같이 있을 수 있다. 그러나 평민들은 많은 수가 함께 묻히고 무덤은 가능한 한 가깝게 붙어 있다.

한국의 장례식은 슬픈 사건이다. 어느 가족에게 죽음이 닥치면, 이웃들은 어떤 이유로도 그 사실을 모르는 체할 수가 없다. 여자들과 소년, 소녀들은 날카롭고 높은 소리로 울어서 그 소리가 소름끼칠 정도로 또렷하게 밤공기를 뚫고 울린다. 때때로 고용된 대곡꾼들이 울음소리로 밤을 오싹하게 만들기도 한다.

한국인들은 산에 있는 광물 자원을 파내는 데 부정적이다. 아마도 산을 매장지로 사용하고 있고 무덤을 훼손한다는 생각이 주는 공포 때문인 듯하다. 무덤에서 죽은 사람의 영혼에 제사를 드리기 때문에, 무덤 훼손은 이 사람들에게 신성 모독과 동일하다.

10. 종교 생활

　한국에서 종교는 중국과 일본의 종교가 도달한 성숙도에는 미치지 못했다. 사원의 숫자는 적고 눈길을 끄는 요소도 부족하다. 사원에는 국가의 빈곤이 반영되어 있다. 기다란 연등을 지나 도달할 수 있는 전망 좋은 장소에 터 잡고, 진하게 칠해져 있으며, 장식과 헌물이 넘치는 장엄한 건물들이 없다는 점이 눈에 띄는 특징이다.

　중국과 일본은 각기 3가지 종교 의식 또는 형태가 있지만 한국에는 불교와 유교 2가지만 있다. 당연히 두 종교는 중국에서 유입되었다.

가장 비천한 농부에서부터 왕에 이르기까지 모두가 유교를 오랫동안 숭배해 왔다. 이전 왕조 동안에는 훨씬 광범위하게 부처 숭배를 한 흔적이 있다. 하지만 현재 불교는 금기는 아니지만 거의 신봉하지 않는다. 몇몇 성채의 관리자가 불교 스님들이다. 그들은 직무에 대한 보상을 국고에서 지원받는다. 길을 따라 여기저기 위치한 작은 사찰을 관리하는 스님들은 이런 지원이 없어 백성들에게 구걸하고 있지만 전혀 고통스러워 보이지는 않는다. 면도한 머리를 제외하고, 스님들은 사지(四肢)가 절단되었다든가 몸에 장애가 있다든가 혐오스러워 보이는 곳이 하나도 없다. 하지만 불교의 지위는, 스님은 아무도 수도에 들어올 수 없다는 사실로 분명히 알 수가 있다. 스님은 누구든 수도에 나타나면 죽임을 당한다. 수도의 성벽 안에는 사원도 하나 없다. 조상의 신위를 모시고 앞에서 유교식 제례를 행하는 사당이 있지만, 도시의 북서쪽 구석에 있는 '천상의 사원(천단)'을 제외하고 사원 같은 것이라고는 하나도 없다. 그것도 사원이라기보다는 뒤쪽에 작은 숲이 있고 낮은 담이 둘러싸고 있는 포장된 공터일 뿐이다.

누군가 수도 북쪽으로 15킬로미터 정도에 있는 북한산성을 방문한다면, 그 안에서 스님들만 보게 될 것이다. 그리고 방문객은 스님들이 빡빡 깎은 머리를 하고 군이나 종교 임무로 보이는 행동은 하나도 하지 않고 빈둥거리는 모습을 보게 될 것이다. 흉측한 형상이 있는 음침한 절 앞에서 자기들도 무슨 말인지 모르는 말로 기도를 하며 머리를 조아리는 몇 명을 제외하고 말이다. 애써서 알아보면, 이 스님들은 깊은 신심과 종교적 원리에 따라서라기보다 국고에서 제공되는 식량 때문에 이러한 생활에 매력을 느끼고 있다는 것을 알게 될 것이다. 백성들 가운데서 진정한 불교도를 한 명도 만난 적이 없다. 나는 스님에게 연민의 정을 느끼고 있다는 투로 말하면서 비웃는 사람들을 만났다. 스님들은 해를 끼치지 않는다. 그들은 무엇을 하기에는 너무 게을러 보인다. 그들은 무해한 나태의 상태에 있다.

한국인들의 진정한 제사는 신주 앞과 무덤에서 이루어진다. 구성은 단순하다. 작은 상 위에 밥과 다양한 과일로 이루어진 제물을 놓고서 그 앞에서 절하고 기원한다. 영이 나타나서 그렇게 바친 제물을 나눈다고 생각한다.

두드러진 두 종교를 보충하는 것은 다양한 영들과 다른 능력과 여러 성품을 지닌 악마에 대한 믿음이다. 도시, 궁궐, 절 그리고 종종 개인 집의 문에는 기괴한 동물 모양과 일그러진 인간의 형상이 놓여 있다. 이것들은, 그냥 두면 도시에 들어와 평화를 해치고 번영을 파괴하는 여러 악령들과 악마들을 겁주어 쫓아내기 위한 것이다. 1886년 역병이 유행할 즈음에 길을 걷다가, 좁은 골목길 입구에서 역병 귀신이 거리에 들어와 주민들을 잡아가지 못하도록 하는 주문이 새겨진 종이와 천 쪼가리를 짧은 줄에 매달아 놓은 것을 보았다. 사악한 존재들을 겁주어 쫓아내거나 달래려고 성벽 밖에서는 불이 타올랐다. 여행자는 거리나 골목을 지날 때마다 색종이나 천 쪼가리로 장식된 나무나 관목을 계속해서 보게 될 것이다. 때때로 나무에 기원하는 말을 써 붙여 놓고 그 밑에 작은 돌무더기를 불규칙하게 쌓아 놓은 것을 발견하게 될 것이다. 그리고 이 관목이나 나무가 귀신과 요정의 거처로 알려져 있고, 돌들은 지나던 나그네들이 여행 중에 생길 수도 있는 불운을 함께 두고 가려고 던져 놓은 것이라는 것을 알게 될 것이다.

여행객은 이곳저곳에서 수호신의 형상을 종이에 그려 내부에 걸어 놓은 작은 오두막을 보게 된다. 그리고 벽에는 한글과 한자로 적힌 기도문이 걸려 있는데, 그 내용은 "1년 360날 모든 아픔과 질병, 모든 무익한 위험에서 구원해 주십시오."라고 간청하는 것이다. 간간이 더 커다란 건물이 보이는데, 그것은 아마도 어떤 유명한 전사를 기리고자 세운 것일 것이다. 건물 안에는 아마도 신격화된 전사가 붉은색과 금빛 형상으로 쏘아보는 눈을 하고 존재하지 않을 것 같은 수염을 기르고는 의자에 도전적인 자세로 앉아

마을의 수호신.

10. 종교 생활

있을 것이다. 그리고 참배자들이 헌물로 바친 아주 이상한 물건들이 다닥다닥 붙어 있다. 한국에서 만들어진 오래된 칼이 그곳을 지키려는 듯이 보이는 반면에, 싸구려 워터베리 시계가 조롱하듯이 쩰깍거린다. 어떤 한 사당에서 나는 못 신게 된 고무장화 한 짝을 형상 앞에서 본 적이 있는데, 시주한 사람이 서울에 거주하는 외국인의 쓰레기더미에서 주웠음직해 보였다.

한국에 도착한 지 얼마 되지 않았을 때, 나는 집에 딸린 사람들 가운데 1명이 놀라서 달려와 천상의 개가 달을 먹고 있으니 나와서 보라고 말해 깜짝 놀란 적이 있다. 절기에 맞게 월식이 일어난다는 생각을 하고 구경하려고 나왔다. 집에서 나왔을 때, 도시를 가로질러 총소리와 함께 북과 철제 악기를 두드려 내는 소란스런 소리가 거리에서 들려왔다. 곧 궁궐에서 집단 발포 소리와 함께 탐욕스러운 괴물을 향한 개틀링 총 소리가 들려왔다. 이게 다 무슨 뜻이냐고 질문하자, 그것은 천상의 개를 위협하려는 목적으로 내는 소리인데 이 방법이 한국 역사 내내 항상 성공적이었다는 대답이 돌아왔다. 때때로 짐승이 달을 거의 먹어치운 적도 있지만 항상 전부 먹기 전에 무서워 달아났으며, 간단히 말하자면 이 소리가 아주 좋은 약이어서 계속 사용하기로 작정했다는 것이었다.

신체의 병은 귀신과 악령의 사악한 영향 탓으로 돌렸다. 퇴마사와 무당은 대부분 자신들의 능력을 아픈 사람에게 달라붙어 있는 귀신을 쫓아내는 데 사용한다고 말한다. 그들의 치료 방법은 시끄럽다. 밤낮으로 2주까지 지속되는데, 환자가 체력이 소진되어 죽거나, 스스로 체력이 회복되어 건강해질 때까지 끊임없이 북을 두드려 댄다.

한 정부 부서는 예절과 행사를 관장한다. 그곳에서는 주술과 징조에 대한 지식을 연구하는 사람들이 전통과 우연한 사건들에서 얻은 예측에 따라서 행사의 방향을 결정하며 관과 왕실의 행동을 조정한다. 불운한 사건이 벌어졌다면 어떤 사업이든 시작하지 못하도록 하기에 충분하다.

징조에 대한 믿음은 운명의 여신을 피할 수 있는 다양한 계략들을 만들어 낸다. 정월 15일에 끝나는 연날리기 철은 공중에서 나는 연의 실을 자르는 것으로 끝나는데, 이때 떨어진 연은 한 해 동안 연의 주인에게 달라붙을 수 있는 불운의 대부분을 간직하고 날아간다. 같은 시기에 짚으로 허수아비를 만들기도 하는데, 제작자를 상징하는 허수아비의 여러 부위에는 지폐와 한글이나 한자로 "1년 열두 달 동안 모든 재앙과 질병과 불운에서 나를 구원하소서." 같은 기도문이 적혀 있는 종잇조각을 숨겨 놓는다. 그러면 다음에는 소년들이 그 허수아비를 달라고 해서 그것을 잘라 숨겨 놓은 지폐를 꺼내고는 길이 교차하거나 만나는 곳에 버리게 된다. 때때로 교차로에 버려진 허수아비가 많이 쌓이면, 구경꾼들은 거기에 불을 지르거나 발로 차면서 논다. 허수아비가 작은 조각으로 부서질수록 그것이 상징하는 사람의 운이 좋아지고, 그 사람을 공격할 만한 악과 더 완벽하게 절연된다.

같은 날, 연배가 같은 사람들이 거리를 지나다가 상대방을 불렀을 때 만일 어느 한 사람이 대답을 하면, 대답한 사람이 부른 사람에게 닥쳐올 수 있는 모든 병과 불운을 가지고 간다고 여겨진다. 그래서 그날은 모든 사람들이 경계를 하고, 누가 집요하게 불러도 주의를 돌리지 않는다. 이날에는 거의 모든 이들이 다섯 가지 곡식으로 된 한 끼 식사를 하는데, 이는 그해 동안에 풍요와 다양한 음식을 먹기를 기원하는 관습이다. 이 식사에서는 '귀밝이술'이라는 특이한 술을 마시는데, 그 술이 청력을 예민하게 하고 귓병을 예방하는 효과가 있다고 믿는다. 밤에는 통행금지법이 유예되어 사람들은 구속될 염려 없이 도시를 배회할 수 있다. 이러한 특혜가 주어지는 이유는, 도시를 가로질러 성 안의 모든 다리를 건너면 한 해 동안 다리와 사지의 병에 걸리지 않는다는 미신이 유행하고 있기 때문이다. 이날은 9가 행운의 숫자여서 아홉 끼니를 먹는다. 또 남자가 나무 한 짐을 집에 가져온다면, 아홉 개여야 하고, 여자가 실을 잣는다면, 아홉 묶음이어야 한다. 한국의 정월 보름은 기후와 수확에 관한 징조를 발견하는 날이다. 만일 이날 바람이 분다면 봄 동안 많은 바람이 불게 된다. 사람들은 보리밭에 가서 보리 씨앗을 당겨 본다. 씨앗에 뿌리가 하나만 있으면 수확이 적을 것이고 뿌리가 둘이면 괜찮은 수확, 그리고 셋이면 대풍을 예고하는 것으로 본다. 현자들은 또한 어느 달에 비가 가장 많이 내릴지를 예언한다. 대나무 하나를 갈라서 틈 사이로 콩 열두 알을 넣은 뒤에 들에 가지고 나가 살짝 묻어 둔다. 그리고 이슬이나 비에 젖도록 한다. 이때 가장 부푼 콩이 가장 많은 비가 내릴 달을 나타낸다.

11. 농업, 광업, 제조업

　발달한 산업 그리고 수출과 수입으로 판단할 때, 한국은 아마도 가장 가난한 국가 중 하나일 것이다. 경작 가능한 토지의 20퍼센트도 경작하지 않고 있다. 외부 시장을 장악할 만한 제조업이 하나도 없고, 광물 자원이 풍부하지만 조금 개발하고 있는 자원조차도 가장 조악하고 가장 비경제적인 방식으로 개발하고 있다. 또 다른 가치 있는 수익원인 어업도 등한시하고 있다. 반도의 북쪽과 서쪽은 숲이 우거져 있고, 일본과 중국에 목재를 팔아서 큰 수입을 얻을 수도 있지만, 두 나라의 시장을 전혀 이용하지 않고 있다.

　동양에서 대개 그런 것처럼, 농업은 규모가 작다. 고지대와 저지대가 경작지인데, 저지대에서는 쌀을, 고지대에서는 다양한 농산물을 경작한다. 경작지는 아주 작지만 일단 경작되는 땅은 아주 잘 관리되고 있다. 가장 놀라운 농경 도구는 삽인데, 이 도구를 사용하는 방식이 꽤나 특이하다. 이 농기구에는 1미터 50센티미터 정도 되는 곧은 손잡이가 날에 꽂혀 있는데, 날은 꼭지와 옆이 쇠를 입힌 나무로 만들어져 있다. 날의 위쪽 구석에는 구멍이 있고 줄이 매여 있다. 한 사람이 손잡이를 잡고 거의 수직으로 세워 흙 속으로 처박으면, 한두 사람 또는 세 사람이 각기 줄을 잡고 당겨서 흙을 필요한 곳으로 던지거나 나른다. 이런 식으로 작업은 아주 빨리 진행되는데, 나는 노동자들이 이런 삽을 이용하여 흙을 5미터 거리까지 던지는 것을 본 적이 있다.

주요 곡물은 쌀이고, 대부분의 골짜기는 쌀을 재배하는 데 활용된다. 많은 양의 쌀을 재배하지만 백성들의 필요를 채울 정도는 되지 않는다. 부족분은 일본에서 공급받는다. 보리는 적당량을 재배하고 있는데, 때때로 가난한 계층 사람들의 식량으로 사용되지만 주로 짐승의 먹이로 쓰이고 있다. 밀은 북쪽에서 어느 정도 그리고 수도 주위에서 조금 재배되지만 거의 알려져 있지 않다. 백성들에게 아주 유용한 곡물은 기장인데, 몇 가지 종류가 있다. 기장은 가장 우아한 곡물 가운데 하나로서, 익어 가면서 튼튼한 줄기 위에서 알이 꽉 찬 무거운 이삭이 구부러져 바람에 흔들리면서 아주 아름다운 자태를 만들어 낸다.

한국인들은 매우 영리한 방식으로 참새와 까치를 전답에서 쫓아낸다. 전답을 가로질러 박힌 말뚝 사이에 줄을 치고 그 줄에 넝마 허수아비를 걸어 놓는다. 소년들이 전답을 감시하는데, 새가 앉으려 하면 말뚝과 줄을 흔들고 큰 소리로 고함쳐서 작은 도둑들이 곡물을 훔쳐 가지 못하게 한다. 줄과 말뚝을 흔드는 3~4명의 소년과 그들을 지켜보는 어른 1명이면 날개 달린 약탈자한테서 꽤 넓은 들판을 보호할 수 있다.

전술한 목록은 주민들의 주요 식량원을 포함하고 있다. 주요 도시와 성채에는 커다란 식량 창고가 있어 공물로 모은 쌀을 저장해 두고 있다. 흉년에는 때때로 백성들을 위해 창고가 열린다. 하지만 진짜 목적은 물품으로 공물을 받아 군대와 국왕의 신하들을 위한 양식을 제공하는 데 있다.

한국에는 아주 다양한 과일이 있다. 사과, 배, 복숭아, 살구, 자두 그리고 다른 많은 과일이 풍성하게 자란다.

채소도 아주 많지만 가장 대중적인 채소는 감자, 상추 그리고 오이이다. 한국을 방문해 보지 않은 사람은 오이가 이 백성들에게 얼마나 중요한지 모를 것이다. 한국인들은 많은 경우에 오이만으

로 식사를 하기도 하는데, 껍질을 포함해 모두 먹는다.

다른 농업 생산물로는 면화가 있는데, 품질도 좋지 않고 재배량도 적다. 비단 산업을 위해 주로 남부 지방에서 뽕나무를 기른다. 한국은 비단을 짜는 솜씨가 서툴러서 천이 아주 얇으며, 중국산 명주와 비슷해서 상품화되기는 힘들어 보인다. 아마(亞麻) 또한 어느 정도 재배되고 있으며, 조야한 아마포가 적잖이 가공되고 있다.

쟁기질은 황소나 암소를 이용한다. 황소는 거대해서 거리에서 마주치는 보통의 소가 우리 나라의 상품 소 평균보다 크다. 이 나라 사람들은 버터나 우유를 먹지 않기 때문에, 소를 오로지 노동과 운반을 목적으로 기른다. 아침에 몇 리를 걷다 보면, 소 수백 마리가 연료로 팔기 위해 도시로 실어 가는 풀이나 나뭇가지 더미 아래 거의 완전히 묻힌 채로 천천히 움직이는 장면을 목격하게 된다.

소가 커다란 반면에, 말이나 조랑말은 공통적으로 작다. 이 동물들은 거의 다 1미터 40센티미터를 넘지 않는다. 그런 이유로 아주 큰 외국인은 서양 안장에 앉아 말을 탈 때는 종종 발을 들고서 타야만 한다. 한국인들은 이런 곤란한 상황을 말 등에서 30센티미터 정도 높게 올린 안장을 사용하여 극복하고 있다. 이 나라에서 첫째 날에 목격한 우스꽝스러운 광경은, 작은 말에 올라탄 키 큰 외국인이 발을 땅에 끌면서 달리는 말을 세우려 하다가 결국 함께 쓰러지는 모습이었다.

광물 자원은 풍부하지만 앞에서 말한 것처럼 저개발 상태다. 이전 수도였던 평양 근처에 거대한 석탄 광맥이 있는데, 무연탄으로 보이나 역청 형질처럼 신속히 탄다. 이 석탄은 꽤 단단하고 쉽게 완전 연소되며, 연기를 거의 내지 않는다. 또 적은 양의 진흙을 섞어 둥글게 만들면 재까지도 활용할 수 있고 실제로 활용되고 있다. 우리가 믿기에는 이 탄광이 한국에 유일한 것이 아닌데, 작업은 오로지 한국 사람들에 의해서 아주 비경제적인 방식으로 진행된다. 일꾼들은 단지 쉽게 손 닿는 부분만 캐내고, 돌과 흙을 구덩이에 던져 넣어 적어도 파낸 자원만큼 가치 있는 매장물을 덮어 버린다. 광산은 대개 배가 드나드는 큰 강의 둑 위에 있어서, 이 나라의 제품이 한국뿐만 아니라 동양의 모든 시장에서 일본 제품과 경쟁자가 되지 못할 이유가 전혀 없어 보인다. 독일과 미국의 회사들이 광산을 개발하여 수입의 적절한 비율을 정부에 주겠다는 괜찮은 제안을 몇 번 했지만, 항상 거절당했다. 한번은 정부가 자체적으로 광산을 개발하기로 결정한 적이 있다. 그리하여 후에 채굴 기계를 구입했으나 기계는 한 번도 조립된 적이 없다. 이제는 녹이 슬고, 고철 가치 때문에 도난당하여 부품이 분실된 채로 온 나라에 흩어져 있다.

석탄 광산에서 멀지 않은 곳에 질 좋은 철광이 있다. 붙어 있다시피 가까이에 있는 이 두 가지 산업 원료가 풍부하게 공급되기 때문에 한국이 부유해질 수 있다는 말은 근거가 없지 않다.

현재 한국 재정의 주요한 원천은 사금이다. 사금을 획득하는 것도 대부분 가장 조잡한 방식으로 이루어지고 있다. 적은 장소에서만 사금채취가 진행되고 있음에도, 수천 파운드 가치의 사금이 매년 일본으로 보내진다고 한다.

상당한 양의 은 또한 여러 지역에서 발굴되고 있다. 구리도 풍부한데, 구리는 다른 어떤 금속보다 많이 활용되고 있다.

아직 과학적으로 조사되지 않았지만, 한국은 지질학적 형태가 아주 다양해서 아마도 이 작은 왕국을 부유하게 만들 많은 자원이 산과 숲에 저장되어 있을 것이다.

어업은 소출이 좋지만 어부들이 내국인에게만 판매하기 때문에 왕실을 위한 수익을 내지는 못한다. 엄청난 양의 생선을 말려서 보존하는데, 그 방식 가운데 일부는 아주 독특한 것도 있다.

진주가 약간 발견되지만 모양과 색이 좋은 것은 아주 드물고, 대부분은 크지만 모양이 평평하고 색깔이 어둡다. 진주는 한국인들 사이에서 매우 귀중히 여겨지고, 관리들에게서 좋은 값을 받는다.

일본의 마지막 한반도 대침공은 한국 산업과 예술의 죽음과 일본 예술의 부흥을 남겼다. 일본인들은 물러갈 때 자신들에게 가르침을 줄 만한 장인들을 데리고 가서, 자기네 나라에서는 산업과 예술품 제작의 부흥을 이루고 한국에서는 두 분야 모두의 소멸을 초래했다. 이제 한국에는 내세울 만한 어떤 중요한 제조업도 없다. 최고로 발달된 두 분야는 가구를 제작하는 분야와 놋쇠 제품을 생산하는 분야이다. 그러나 놋쇠 제품이나 가구를 만들어 내는 데 독창성은 보이지 않으며, 각 제품은 하나의 모형을 아주 정확하게 모방한다. 모든 형태는 정형화된 듯 보인다. 남부 지방에서는 자개를 제작하는데, 제품이 아주 아름다우며 몇몇은 훌륭한 미적 취향을 보인다.

이 나라에서는 다양한 크기, 모양, 재질의 부채가 제작되고 있다. 그 제품이 왕에게 공물로 바쳐지는데, 왕은 자신의 하인들과 궁궐에 일이 있는 귀족들에게 선물로 내릴 부채가 아주 많다. 이 부채들은 종이가 한쪽에만 발라져 있지만, 일본이 생산하는 부채보다 훨씬 강하다. 뼈대를 구성하는 대나무를 윤기 나게 다듬고, 때때로 엄청난 노고를 들여 아름답게 장식하기도 한다.

한국의 또 다른 고유한 제조 산업은 강화도의 돗자리이다. 이 돗자리는 강화도에서만 자라는 골풀을 사용하여 그곳에서 제작

된다. 마치 그림을 그린 듯이 보이는 문양은 실제로는 염색한 짧은 골풀 줄기를 엮어서 만드는데, 공을 들여 단단히 엮기 때문에 세심하게 관찰해야만 제작의 비밀을 알 수 있다. 강화 돗자리는 내수용으로는 생산되지 않고 오로지 임금만 사용하도록 되어 있다. 그러나 궁궐에서 일하는 여러 관리에게 선물로 내려온 것이 현금과 맞바뀌어 상인의 손에 넘어가는 방식으로 시장에 나온다.

자수는 궁궐에서 지속적으로 행해지는데, 궁궐에는 자수에 익숙한 여인들 무리가 있다. 이들은 비단을 가지고 발을 만드는데, 바위, 구름, 물 그리고 풍경 일반은 극도로 관례적으로 다루고 있지만, 새, 나비, 박쥐 그리고 나무와 대 같은 형상은 아주 정확하고 실제와 똑같이 만든다. 내가 한국 그림을 본 적은 많지 않지만, 그림은 원근법의 가장 초보적인 지식도 없어 서구인의 눈에는 매우 터무니없어 보인다. 신격화된 영웅들을 기리고자 세운 사원 안에는 영웅들의 생애에 있었던 중요한 사건과 업적을 재연하는 그림이 많이 있다. 그림은 같은 종류의 일본 그림과 눈에 띄게 유사하고, 제작 방식은 동일하다.

외국과의 무역 관계에서는 외국인들이 한국에 들어오도록 하는 유인책이 거의 없다. 중국인이 아주 많고, 일본인의 숫자도 그와 비슷한데, 그들은 거의 모든 외국 상품을 파는 가게를 열고 있다. 중국인과 일본인은 서양 상인들보다 훨씬 저렴하게 생활할 수 있기 때문에 대개는 훨씬 싸게 판매할 수 있고, 그런 까닭에 무역상이 한국에 자리 잡도록 유인할 게 없다. 게다가 한국인들은 워낙 가난해서 비싼 서양 상품을 살 수도 없다. 독일과 미국의 두 회사가 수도에서 영업을 하고 있지만, 대부분은 궁궐이나 정부를 상대로 직접 거래하고 있으며, 무기, 개틀링 총, 가구 그리고 포도주와 술을 공급한다. 이 상품들은 다행히도 대중에게는 가격이 너무 비싸서, 독한 술로 인해 한국 민중들이 타락할 개연성은 없어 보인다. 영국에서 수입하는 가장 중요한 물품은 옷을 만드는 데 쓰는 표백하지 않은 모슬린 천이며, 일본에서는 쌀과 비단, 중국에서는 비단을 수입한다. 한국 사람들은 뻐꾸기시계에 기이할 정도로 호감을 나타낸다. 뻐꾸기는 한반도 토종 새인데, 가게에 들어온 사람들은 시계에서 튀어나와 시간을 알리는 뻐꾸기 소리를 듣는 것을 전혀 지겨워하지 않는 것 같다. 뻐꾸기시계가 중국 가게에 10여 개 있는데, 가격이 비싼데도 선뜻 팔리고 있다.

평균적인 상거래는 그 규모가 매우 작다는 점을 알아 둘 필요가 있다. 한국의 동전은 '엽전'인데, 전국적으로 똑같은 동전을 쓰고 있지는 않다. 수도에서 사용되는 동전은 다섯 냥짜리로 불리는데 1페니의 8분의 1 정도 가치가 나간다. 5파운드를 이 동전으로 환전하면 한 짐이 된다. 이를 비교해 보면, 한국에서 이루어지고 있는 거래가 가장 큰 경우라 해도 얼마나 작은지 알 수 있다. 외국과 거래할 때는 멕시코 달러가 기축통화로 사용되었으나, 동전에서 금은을 빼내려는 중국인들 때문에 너무나 심하게 훼손되고 가치가 떨어져서, 일본의 엔화로 많은 부분 대체되었다. 엔화는 도안이 매우 정교하고 훌륭하게 주조되어서 동전에서 은을 훔쳐 내고 메우는 중국 전문가조차도 엔화를 대상으로는 그런 시도를 못 한다.

    인내와 자원 개발을 통해 한때의 은둔 국가에도 상당한 수준의 교역 활동이 펼쳐지겠지만, 분명히 기댈 원천이 될 분야를 개발하는 방법을 배우기까지는 쉽게 번영의 길로 나아가기가 어려워 보인다. 더 나은 농업 방식과 (한국인들이 작동 방식을 배울 때까지) 외국 자본의 광산 개발, 그리고 이 모든 조치를 취하는 과정에서 자원 개발 책임자들에게 불신을 줄이고 더 솔직한 태도로 대하는 것이 필요하다. 현재 유능하고 정직한 운영 주체 아래 세관이 있어서, 몇 년 안에 한국이 부와 번영을 향한 진로에서 일본과 경쟁하는 모습을 보게 되겠다.

12. 진보를 위한 몸부림

한국이 국제 사회의 일원이 된 지가 이제 8년이 되니, 의식 있는 사람들은 그간의 성취에 대해 묻기 시작했다. 한편으로, 일본은 훌륭한 발전을 이루었다. 일본 사람들은 서구화하고자 가능한 한 모든 일을 하고 있다. 일본 정부는 몇몇 유럽 정부와 유사한 헌법을 채택하여 절대왕정에서 제헌 정부가 되었다. 그리고 유럽의 법령을 베끼거나 그것에서 단서를 얻어 법 조항을 만들었다. 실제로 일본은 동양적인 모습을 많이 벗었다. 한국의 한 커다란 이웃이 나아가고 있는 방향이 이렇다. 다른 이웃은 어떤가? 일본이 급진이나 진보를 나타내 보인다면, 중국은 초보수를 나타내고 있다.

중국은 강제되지 않으면 서양화의 길로 한 발짝도 떼려 하지 않는다. 그런 연고로 주변 국가들의 진로를 아는 사람들은 한국이 일본과 서구화, 또는 중국과 동양적 보수주의 가운데서 무엇을 본받아야 할지 알기 위해 주의 깊게 관찰하고 있다.

지금까지 무슨 일이 진행되어 왔는지 보자. 먼저 교육의 변화를 보자. 1886년에 왕립학교가 설립되어서 현재까지 아주 성공적으로 이어지고 있다. 수도에서 시작된 뛰어난 제도가 전국적으로 확대된다면 한반도의 발전은 가능성의 차원을 넘어 확실하게 될 것이다. 서울에 있는 몇몇 선교 학교에도 많은 학생들이 다니고 있다.

군사력 강화를 향해서도 많은 시도가 있었다. 한국산 화기는 현대 서양 무기와 비교할 때, 아직까지는 성능이 매우 떨어진다. 몇 개 대대는 후장총으로 무장했고, 연발총으로 무장한 대대도 있다고 나는 생각한다(왕의 행렬에서 적잖이 흥미로운 광경은 나란히 행진하는 중대 가운데 어떤 중대는 오래된 수발총이나 쏘시개로 발화시키는 화승총을 지니고 있고, 다른 중대는 후발총에 기마 총검을 지니고 있는 점이다). 이 무기와 더불어 개틀링 총 몇 점도 구입하여 자주 훈련하고 있는데, 왕이 그 소리를 듣는 것을 특히 좋아하기 때문이다. 병사들의 제복은 대체로 화려하고, 다소 불편한 형태에서 서양 군대 제복을 본뜬 것으로 보이는 형태로 변했다. 그러나 재료가 염색한 무명으로서 색이 제멋대로 바랜 데다 천을 아주 특이하게 마름질해서 만들었기 때문에, 행진하는 중대의 모습은 멋지다기보다는 기묘해 보인다.

유럽식 군대를 본뜨려 한 이러한 시도는 알겠지만, 누구도 이 시도가 성공적이었다고 말할 수는 없을 것이다.

1888년에 미국 장교 3명과 일본 장교 1명을 초청해서 사관생도를 교육하고 확대하여 수도에 배치된 4000여 명의 병사들을 훈련시키려고 했다. 외국 장교들이 도착하여 업무를 수행하려 하였지만, 방해와 괴롭힘 때문에 아무것도 이루지를 못했다. 더불어서 봉급이 몇 달 동안 준비되지 않았으니 이 시도는 어느 모로 보나 명백한 실패였다고 하겠다. 교육은 거의 이루어지지 않았고, 제복을 교체하는 데에 돈을 지출했으며, 이 장교들을 고용해서 얻은 실제적인 이익은 거의 없었다. 여기에 화약은 전혀 만들지 않는 화약 공장을 설립하는 데 돈을 쓰고 만 실책도 범했다.

현재 한국의 위치는 특수하게도 아주 강한 두 나라인 일본과 중국 사이에 끼어 있다. 이런 이유로 한국은 침공을 당했을 때 적어도 저항의 몸짓이라도 보일 수 있도록, 아주 강한 군대나 단순히 경찰 업무를 담당할 군대라도 필요하다. 그러나 한국이 할 수 있는 한 가장 큰 규모의 군대를 징집하더라도, 성공적으로 전쟁을 수행하지 못할 것이다. 가능한 전투력을 모두 무장시키고 무기를 지닐 수 있는 모든 남자들을 징집한다고 해도, 한국은 일본과 중국의 군사력에 성공적으로 맞서지 못할 것이다. 현재 한국 남성들은 훈련되지 않았고 자원은 미개발 상태이며 무기도 없어서, 노련한 병사들로 구성된 연대가 국토를 가로질러 앞에 놓인 모든 것을 약탈해도 군사적 대응을 할 수 없다. 수도를 향한 길목의 관문들을 강화하는 조치나 토종 화기를 현대식 총으로 교체하려는 시도를 행한 적도 없다. 정부는 아직 너무 가난하다.

한국이 서구의 행적을 좇기 시작한 세 번째 분야는 외교로서, 외국과 조약을 맺어 외교관을 받아들이고 파견할 권리를 약속받았다. 한국은 영사로 활약하는 상인들을 많은 국가에 파견했지만 아직 그들이 주의를 기울일 필요가 있는 사업이 없다.

다른 시도와 진보가 있었지만 아직 그 조치들의 성과는 현실화되지 않은 상태다. 1884년에 급진 정부의 행정부가 우편 연합에 가입하려고 준비를 진행시켰다. 우표를 발급하는 등 모든 준비를 완료하고, 이를 즐기고 축하하고자 외무부에서 연회를 열었다. 연회가 진행되는 동안, 왕의 비밀 대리인인 민영익이 여기저기 상처에서 흘러나온 피로 범벅이 되어 비틀거리며 연회장으로 들어왔다. 과격파들이 그가 진보적인 정책에서 뒷걸음질 친다고 생각하여 암살을 시도한 것이다. 폭동이 뒤따랐다. 자신들의 행동이 감정의 급변을 야기했기에 과격파들은 도망쳤다. 중국파인 보수주의자들이 외국인 혐오 감정을 부채질했다. 며칠 동안 이 나라에서 모든 외국인들을 쫓아내 버리려는 폭동의 위험이 있었다. 그러나 서서히 흥분은 가라앉았다. 백성들은 문제가 외국인 때문이 아니라 일을 천천히 진행시키지 못한 조급하고 중심을 잃은 관리들 때문에 발생했다는 것을 알게 되었고, 외국인에 대한 분노는 천천히 누그러졌다. 하지만 우정국은 폐지되었다. 한국 우표는 전혀 사용되지 않은 골동품으로서 수집가들이 찾게 되었다. 한국에서 우편 배달은 진행되고 있지만, 사무실 유지, 수입 관리 그리고 우편 업무와 관련된 모든 일은 일본 정부가 하고 있다.

진보를 향해 몇 걸음 내디딘 분야가 국립 조폐국의 설립이다. 최신식 기계를 구입하여 설치하고 도안을 만들고 금형을 떠서 1888년에 조폐국을 완성하였고, 기계를 몇 번 작동시켜 새 장난감을 관찰하러 방문한 왕을 위해 200여 개의 청동 동전을 만들었다. 그러나 그 이후로 기계는 멈추고 녹슬었으며, 기계를 설치한 독일인 전문가는 귀국했다. 20여 년 동안 4만 파운드 정도를 지출한 이 사업은 지출만 하고 그에 따른 결과가 없는 상태이다.

매일 산꼭대기를 따라 왕국의 평화와 안녕에 관한 소식을 알리는 신호 행위가 이루어지고 있다고 이미 말한 바 있지만, 중세식의 소식 전달 체계 이외에 다른 한편으로는 전류를 사용하는 현대적인 방식도 도입되었다. 수년에 걸쳐 수도가 남쪽의 부산항과 인근의 제물포항 그리고 중국의 수도까지, 결과적으로 외부 세계 전체와 전선으로 연결되었던 것이다. 1882년의 은둔 국가인 한국은 1885년에는 서방의 섬과도 전신 교환이 가능해졌다.

다른 국가들과 조약을 맺었지만 한국인의 삶의 방식은 거의 변하지 않았다. 그러나 소수의 한국인은 삶의 방식을 바꾸기도 했다. 매년 수입 관세가 크게 증가하고 있다는 사실은 서양의 물품들이 백성들의 가정생활에 자리를 잡고 있다는 것을 증명한다. 각 수입품과 그것의 사용으로 백성들 사이에 수입된 국가에 대한 광범위한 관심이 일어나고, 진보도 이루어진다.

13. 한국을 둘러싼 국제 정세

한국은 지정학적으로 주변 강대국인 중국, 일본, 그리고 러시아의 이해관계에 놓여 있다. 한국은 지리적으로 중국과 연결되어 있으며, 한반도는 중국의 연장으로 볼 수 있다. 한국에 대한 중국의 종주권은 대체로 용인되지만, 이 관계가 지속될지는 매우 모호한 상태다. 중국이 무한한 우월적 지위를, 반도를 합병하여 더욱 친밀한 결속으로 전환하려는 욕망을 보인다고 놀랄 사람은 아무도 없다. 중국이 영토를 확장하게 되면 일본이 자국 서해안 수백 킬로미터 내로 강력한 경쟁자가 다가오는 사태에 대해 반대하리라는 것은 자명하다. 이러한 개연성을 방지할 목적으로 중국에서 이 왕국을 떼어 내고자, 일본이 한국에서 영향력을 수년간 확대하려고 했다는 점은 의심할 여지가 없다.

한국의 세 번째 주변 국가는 러시아로, 시베리아의 해안 지역이 한국 국경과 몇 킬로미터 차이로 인접해 있다. 러시아는 중국과 일본의 새로운 동방 문제에 관한 최근 논쟁에 끼어들 의도가 전혀 없음을 알리려고, 자신들이 개입되었음을 부인하는 수고까지 했다. 하지만 분명히 러시아는 논쟁 중인 문제에 아주 직접적으로 관련되어 있고, 언제든 필요하면 러시아 외교부가 자신들의 몫을 취할 준비를 하고 있다는 점은 의심할 여지가 없다. 러시아 정치인들은 항상 때를 기다리는 데에 놀라운 능력을 보였다. 러시아에게는 몇 년 전에 아무르 남쪽의 만주 해안을 차지하는 것이 중요했던 것과 같은 이유로, 한국을 자국 해안 지역에 포함시키는 일이 중요하다. 어떤 경우에도 러시아는 한반도가 다른 나라의 수중에 들어가는 일을 막기 위해 최선을 다할 것이 분명하다.

한편으로 중국과 일본만이 한국에서 영향력을 주장하는 국가들이다. 그 문제는 일본에게는 중요한 일이지만 중국에게는 사활이 걸려 있는 일이다. 만일 일본이 한국을 수중에 넣어 대륙을 향한 발판을 마련하게 된다면, 가능한 한 자국의 점유 지역을 중화 제국의 심장으로까지 확대할 수 있도록 상황을 몰고 갈 것이다. 일본은 확실히 무슨 일이라도 일어나기를 바라고 있다. 중국 정부는 전혀 문제를 촉발시키고 싶어하지 않지만 분명히 응전할 준비가 되어 있고, 또 강력한 영향력을 가진 정치인의 표현처럼 '끝까지 싸울' 태세를 갖추고 있다. 역사학도에게 이 대립은 흥미로운 사건일 것이다. 극동 아시아의 새로운 문명 대 낡은 문명, 서구의 사상과 행정 체계 대 가장 정체된 동양식 전제 정부 사이의 대립이 될 터이니 말이다.

근래에 들어서야 한국은 외국과 외교적 관계를 맺도록 권유를 받았다. 프랑스와 미국이 1871년에 이런 노력을 최초로 시도했는데, 실패했다. 한국의 왕이 서명한 최초의 조약은 1876년 일본과 맺은 조약이다. 일본 정부의 직접적인 실용적 목적은 수천 명이 되는 한국 거주 일본인들의 보호와 무역 특혜 획득이었다. 이 조약의 영향으로 일본 정부는 한국의 수도에 영주권자를 파견하게 되었고, 제물포, 부산, 원산 등 3개 항이 일본에 개방되었으며, 조난 중인 일본 선박이 한국 항구에 입항할 수 있게 되었고, 일본 어부들이 한국 해안을 자유롭게 측량하게 되었다. 하지만 이 조약에는 어떤 외교적 목적도 포함되어 있는 것 같다. 한국의 왕이 다른 국가와 조약을 체결하는 권력을 가진 독립 주권자임을 인정하는 것 말이다. 한국에 대한 중국의 종주권을 인정하면서도 왕이 어떻게 이러한 행동을 하는지 나로선 이해하기 어렵다. 그렇지만 일본 정부는 그 점을 고려하면서도 전혀 혼란스러워하지 않았다. 일본 정부는 한국에 대한 중국의 종주권을 결코 부정하지 않는 대신, 그 관계가 한국의 왕이 다른 국가와 조약을 맺을 권리와 상충되지 않는다는 견해를 개진했다.

한국이 두 번째로 맺은 공식 조약은 1882년 중국과 이루어졌다. 중국이 이런 관계를 맺었다는 사실은 한국의 독립을 인정한다는 것으로 이해되었다. 어떤 정부가 속국과 조약을 체결하는 일은 흔하지 않다. 조약은 체결 당사국 간의 동등한 지위를 함의하는 상호 의결이다. 그러나 중국은 소위 1882년 조약이 엄격한 의미의 조약이 아니고, 실상은 '중국과 한국 백성을 위한 상업과 무역 규제'일 뿐이라고 주장한다. 사실 종주국이 그 같은 규제를 발표하거나 속국이 그것을 수용한다고 해서 부적절하다거나 통례에서 벗어난다는 말을 들을 이유는 없다.

같은 해(1882)에 한국은 미국과 조약을 체결했다. 그 이후 4~5년 내에 독일, 영국, 이탈리아, 러시아 그리고 프랑스와 잇따라 조약을 맺었다. 이 모든 국가들은 한국의 왕을 독립적이고 자주적인 주권자로 대한 듯하다.

일본은 1885년에 한국과 두 번째 조약을 체결하는 데 성공하여, 한반도와 한국 정부에 대한 자신들의 장악력을 훨씬 강화했다. 이 조약은 매우 중요한데, 한국 정세의 변화에 따라 일본이 취할 조치의 기초를 닦았기 때문이다. 한국에서 소요나 위기 상황이 벌어졌을 때에 일본은 중국과 동등하게 군대를 파견할 권리를 획득했다. 확신하건데, 중국이 이 조약을 재가하지는 않아도 일본은 이에 대해 어떤 반발도 하지 않았을 것이다. 당시에 중국의 외교력은 프랑스와의 분쟁에 전적으로 집중되었고, 아마도 일본은 중국의 어려운 처지를 이용하여 한국의 왕이 조약을 강제로 맺도록 했을 것이다.

일본은 1885년 조약에 따라 개선된 위상을 활용할 기회를 놓치지 않았다. 일본은 한국 정부에게 국내 개혁의 필요성이 있다고 압박했고, 한국의 일본 거주자들을 위한 특혜를 획득하려 했으며, 한국 독립의 수호자가 되고 싶은 욕망을 천명했다.

국내 개혁 문제는 유능한 일본인 지도자를 중심으로 주로 일본인들로 구성된 강력한 파벌이 열성적으로 떠안았다. 1893년에 일어난 도쿠가토 반란[7]이 일본 정부에게 1885년의 조약에 따라 행

---

7 동학농민혁명을 일컫는다. 실제 동학농민혁명은 1894년에 일어났다. 이 책에서는 길모어의 책에서 발췌한 내용에 편집자가 편집할 당시의 사건을 첨가하였기 때문에 길모어의 실수인지 편집자의 실수인지는 확실하지 않다. 뒤따르는 전개 과정도 임오군란 이후의 사건과 뒤섞여 있다(역자 주).

동을 취할 기회를 주었다. 그 소요의 발발은 마치 무장 개입을 보장해 주는 듯했다. 적대감은 한 사건으로 격화되었다. 반란 지도자가 한국에서 쫓겨나 일본에 피신하였다. 그는 일본에서 몇 달을 체류한 뒤 상하이로 유인되어 한국 왕의 명령에 따라 살해되었는데, 중국 당국이 공모했다는 소문이 있다.

한국의 왕이 도쿠가토 반란을 진압할 군사 원조를 중국에 요청했을 때, 중국 정부는 군대 1만 명을 보내려고 했다. 중국의 이런 계획을 듣자마자, 일본 천황은 각종 무기로 무장하고 잘 정비된 5000명의 군대를 파견하여 중국 군대보다 먼저 한국에 도착하는 데 성공했다.

이 조치를 취하면서 일본은 적대적인 의도를 부인했다. 그들이 공언한 목적은 자국민을 보호하고 질서를 회복하는 데 '중국과 협조하기 위해서'였다. 동시에 일본은 한국의 왕을 독립된 통치자로서 대우하겠다는 주장을 재천명했다. 일본은 한국에 대해 중국과 동일한 권리를 갖는다고 주장했다. 단지 훼손되어서는 안 되지만, '역사적이고 의례적인 성격만 유지해야 할' 중국의 종주권은 항상 예외로 여기고서 말이다.

일본 정부는 왕에게 국내 개혁을 위한 25개 제안을 제출했다. 처음에 왕은 제안을 수용하는 데 동의했지만, 후에 일본군 철수를 조건으로 내세우면서 수용하였다. 예상할 만한 일이지만, 중국은 왕이 개혁안을 거부하는 것을 지지했고 거기에 더해 일본군의 철수를 요구했다.

외교적 대립 한가운데서 적대 행위가 갑작스럽게 발발했다. 1894년 7월 25일에 1500명을 태우고 한국으로 향하던 수송선인 고승호(高升號)를 호위하는 중군 함대를 일본 함대가 공격했다. 수송선은 침몰했고 몇 명만 구조되었다. 전쟁이 선포되지는 않았지만, 일본 정부는 평화 상태를 무자비하게 위반한 사태를 설명해야만 했다. 일본은 자국 사령관의 말을 빌려 중국이 "적대 행위를 시작할 의도가 있다."는 인상을 받았다는 설명을 내놓았다. 고승호는 중국 정부가 전세를 낸 영국 선박이고, 영국 국기를 게양했음이 밝혀졌다. 일본 정부는 동경에 있는 영국 대표에게 사과하고 보상을 약속해야만 했다. 두 나라 사이의 군대 충돌은 바다와 육지에서 더 있었다. 이런 상황 가운데서 일본 정부는 7월 31일 동경 주재 외국 대표들에게 "중국과 일본 사이에 전쟁 상황이 존재했다."고 공표했다. 한국은 이 대립의 핵심에 있다.

다음은 두 국가의 전투력에 관한 표로 흥미로운 내용이 담겨 있다.

중국 육군

평시 편성군 ············ 200,000명

전시 편성군 ············ 600,000명

징집 가능 인원 ············ 1,200,000명

중국 해군

전　함 ― 1등급 1척, 2등급 1척, 3등급 3척, 항구 방어선 9척.

순항함 ― 2등급 9척, 3등급 A형 12척, 3등급 B형 35척.

어뢰정 ― 1등급 2척, 2등급 26척, 3등급 13척, 소형선 2척.

일본 육군

평시 편성군 ············ 78,000명

전시 평성군 ············ 250,000명

일본 해군

무장 순양함 5척, 2등급 순양함 9척, 3등급 순양함 22척.

위 표는 『정치인 연감』(1894)에서 발췌했다.

14. 한국에서의 선교 활동

이 작은 책을 한국 선교에 대해 몇 마디 하지 않고 끝내서는 안 되겠다.

로마 천주교 사제들이 18세기 말부터 중국에서 한국으로 들어왔고, 선교 활동은 아주 성공적이어서 개종자가 몇 천 명에 이르렀다. 현세기 동안 몇 차례 한국 천주교도들은 지독한 박해를 경험했는데, 수천 명이 살해당하고 3명 밖에 남지 않았던 천주교 선교사들마저 목숨을 건지기 위해 도망쳤던 1868년 사건이 대표적이다. 박해에도 불구하고 한국에는 여전히 많은 천주교도가 있다.

개신교 복음화는 중국 선교사인 존 로스 목사(Rev. John Ross)

가 한국을 방문하여 신약을 한글로 번역하면서부터 시작되었다. 선교지로서 한국을 실제로 점유한 것은 1884년에 미국 장로교회가 의사 알렌 선생을 서울에 파견했을 때부터이다.

알렌 선생은 처음에는 선교사로 알려져 있지 않았다. 그는 외적으로는 외과의사로서 자기의 일을 하려고 왔다. 1884년의 불행한 우정국 반란 사건에서 왕국에서 왕 다음으로 가장 강력한 인물인 민영익에 대한 공격이 발생해 알렌 선생이 민영익에게 서양 의술을 선보일 기회를 얻었는데, 이로써 좀 더 직접적인 선교 사역의 길이 열렸다. 민영익을 부상에서 구하는 데 성공하자, 알렌 선생은 왕과 그의 가족에 대한 진료를 요청받는다. 알렌 선생은 이때도 성공한다. 알렌 선생은 다른 문제에 대해서도 충고를 하게 되었고, 이후 상식적인 조언과 보수주의로 왕의 전적인 신뢰를 얻게 되었다.

우정국 폭동 얼마 뒤에, 왕과 대화를 나누던 중에 서양 국가들에서 병원의 역할이 왕의 관심을 사로잡았다. 왕은 병원의 기능과 유익함에 대한 알렌의 설명에 크게 흥미를 보였으며, 왕 자신이 결정했는지 아니면 알렌 선생의 제안에 따라 반응했는지 간에 수도에 병원을 하나 설립하자고 제안했다. 알렌 선생은 기꺼이 이 제안을 수용하였다. 그리하여 건물들이 마련되었고 병원을 유지하는 자금이 얼마간 확보되었으며, 알렌 선생이 병원장이 되었다. 병원

운영을 돌볼 관리들이 파견되었고 필요한 일을 할 하인들이 임명되었다.

다음 해에 미국 장로교회는 더 많은 선교사들을 파견했고, 얼마 지나지 않아 그들은 병원과 연계된 의료학교와 고아원을 설립하여 아주 성공적으로 운영했다.

미국 감리교회, 캐나다와 호주 장로교회, 그리고 성공회에서도 선교사들을 파견했다. 그들의 사역은 지금까지 수도에 집중되었지만, 영국 사제가 한국 남부에 한 기지를 설립하려고 발을 뗐다.

현재 한국에서 선교사들의 처지는 어떤가? 적극적인 복음화 사역을 정부가 공개적으로 허용하고 있지는 않은 상태다. 실제로 외국과 체결한 조약에서는 이를 허락하지 않고 있다. 그러나 사실은 정부가 선교사들의 사역을 눈감아 주고 있다. 공개적인 설교와 가르침은 금지되어 있지만 문서 유통과 배우기 위해 선교사를 찾아오는 사람들과의 대화를 통해 복음화 사역은 진행되고 있다.

기독교 개종자들의 신변이 완벽하게 안전하지는 않다. 로마 천주교도들을 파멸시켰던 장치가 여전히 존재한다. 문제는 기독교인들에 대해서 그 장치를 작동시킬 의향이 있느냐는 것뿐이다. 앞에서 언급한 데서, 정부가 선교 사역을 방해하지 않고, 선교사들은 자신들의 명분을 너무 공공연하게 내세우지 않는다는 점은 알 수 있을 것이다. 과거 몇 년 동안 곧 사고가 터질 것 같은 경우가 몇 번 있었고, 한 번은 학살이 곧 시작될 뻔도 했지만, 비참한 일은 일어나지 않았다. 지금까지 알려진 바로는, 개신교 개종자가 조상들의 믿음을 거부했기 때문에 고통을 겪은 적은 없다.

역자 후기

이 책은 한국 최초의 근대식 공립교육기관이었던 육영공원(育英公院)에 교사로 초빙되어 1886~1889년 동안 한국의 젊은이들에게 신식교육을 시켰던 조지 윌리엄 길모어(George William Gilmore, 吉毛)가 쓴 『서울에서 본 한국(Korea from its Capital)』 (1892)의 축약본이다. 길모어는 프린스턴 대학교를 졸업하고 뉴욕 유니온 신학교에서 공부하던 중에 한국 정부의 초청을 받고서 벙커(D. A. Bunker, 房巨), 헐버트(H. B. Hulbert, 訖法)와 함께 입국하였다. 이들이 신식교육을 시켰던 육영공원은 젊은 관원들과 양반 자제들에게 외국어, 수학, 과학, 경제, 법 등과 같은 과목을 가르쳐 개방에 대비하려는 목적으로 설립되었다. 하지만 목적과는 다르게 학생들이 학업에 열의를 보이지 않자 길모어는 실망하여 미국으로 돌아갔다. 귀국한 뒤, 3년 정도 한국에서 생활한 경험을 정리하여 1892년에 책을 냈는데, 1894년에 넬슨 출판사(T. NELSON AND SONS)에서 길모어의 책을 축약하고 마지막 부분에 당시의 한국 상황을 첨가하여 『오늘의 한국(Corea of Today)』이란 제목으로 출판하였다.

길모어는 『서울에서 본 한국』의 서문에서 이 책을 쓰게 된 동기가 그리피스 박사(Dr. Griffis)나, 로웰 박사(Dr. Lowell), 로스 목사(Rev. John Ross) 같은 저자들이 쓴 한국 관련 도서를 보충하기 위함이라고 밝혔다. 목적이 그렇기 때문에 다른 책에서 이미 다뤄진 한국의 역사와 같은 내용은 생략하였다는 것이다. 그런 이유에서 길모어는 주로 당대 한국의 관습과, 정부제도, 언어, 종교, 외교관계 등과 같은 분야를 소재로 다루었다. 차림새나 놀이, 결혼제도와 같은 내용을 첨가하여 목적대로 한국 생활의 세밀한 부분을 독자들에게 전달하고 있다. 이런 점이 이 책의 특성이다.

이 책에는 서양인이 동양 국가를 관찰할 때 빠지기 쉬운 자문화 우월의식이 노골적으로 표출되어 있지 않아 읽을 때 크게 거슬리지 않는다. 그렇다고 서양인의 우월의식이 이 책에 전혀 나타나지 않는 것은 아니다. 산업화와 자원 개발이 서양이나 일본에 비해 뒤떨어진 점을 지적하는 대목이나 서울의 모습을 보며 중세의 서양을 떠올리는 부분 등에서 이런 편견이 묻어난다. 하지만 한국인들이 게으르다거나 더러워 보인다는 평가에 대해서 그렇게 보일 수밖에 없는 이유를 설명하면서 변론하는 경우는 길모어가 표피만을 보고서 하나의 문화를 예단하는 잘못을 저지르는 사람들과는 다르다는 점을 보여준다.

그에게는 적어도 한국을 착취와 침략의 대상으로 생각하던 제국주의자들의 욕망은 없었던 것으로 보인다. 이는 그와 함께 초빙되었다가 일본의 침략을 목격하고 한국의 독립을 위해 고종을 도와 활약했던 헐버트의 경우를 보면 알 수 있다. 헐버트는 고종에게 헤이그 만국평화회의를 이용해 한국 독립의 정당성을 알리도록 조언하였고 자신도 직접 헤이그에서 활약하였다. 그는 광복 후에 다시 한국을 방문하여 노환으로 사망한 뒤 한국에 묻히고 싶다는 자신의 유언에 따라 양화진에 묻혔다. 길모어가 귀국 후에 한국과 관련해 어떤 활동을 했는지 알 수는 없지만, 이 책을 통해 보았을 때 적어도 그에게는 한국을 서양의 이익을 위해 이용하고자 하는 의도는 없었던 것으로 보인다. 그의 동료의 삶이 충분한 증거가 될 것 같다.

역자는 한국사를 깊이 공부한 사람이 아니다. 서양 문학을 공부하는 사람으로 한국이 서양에 소개될 당시 서양인들이 어떤 시각을 지니고서 한국 문화에 접근했는지에 관심이 생겼다. 이런 호기심을 강하게 갖게 된 계기는 브람 스토커(Bram Stoker)의 『드라큘라(Dracula)』(1897)를 읽으면서 'Corea'라는 단어를 발견한 경험이다. 한국에 대한 내용이 나오지는 않지만 내가 읽어 본 서양 문학작품(주로 영국 문학이다)에서 '한국'이란 이름이 나온 가장 오래된 작품으로 기억한다. 길모어의 책과 비슷한 시기에 출판된 것을 보면 19세기 말은 한국이 서양의 대중들에게도 서서히 알려지고 있던 때인 것으로 보인다. 이 당시 서양인들의 눈에 비친 한국은 어땠을까 하는 호기심이 생겼고, 서양 제국들이 갖고 있던 오리엔탈리즘의 흔적을 찾을 수 있지 않을까 하는 가능성 때문이었다. 시간이 지나면서 호기심이 약해져 갈 때 한국문학번역원에서 추진하는 한국 관련 서양 고서 번역 사업을 알게 되어 이 책의 번역을 맡게 되었다. 내게 이번 번역은 박사학위 과정 중에 생겼던 호기심을 다시 한 번 자극하는 계기가 되었다.

번역을 할 때 원문을 최대한 살리는 데 초점을 맞추었다. 우리에게는 친숙한 사실들이기 때문에 서양인 저자가 묘사한 방식을 아는 것이 한국 독자에게 더 도움이 될 것이라 생각했기 때문이다. 예를 들어 "말총 모자"라고 저자가 표현한 것을 "갓"이라고 하기보다 어색한 면이 있지만 그대로 원문을 살려서 번역하였다. 이 책의 번역에 있어서는 사실보다 서양인의 시선이 더 중요하다고 보았기 때문에 다소간의 어색함을 무릅쓰고 원문에 충실하려고 노력하였다.

끝으로 부족한 능력이지만 믿고 맡겨 주신 한국문학번역원의 원장님과 관계자들께 감사의 마음을 전한다. 그리고 이 책의 출판을 맡아 준 살림출판사의 사장님과 원고를 꼼꼼하게 읽어 주신 편집부 여러분께도 감사의 마음을 전한다.

서양인 교사 윌리엄 길모어, 서울을 걷다 1894

펴낸날	초판 1쇄 2009년 12월 18일
	초판 2쇄 2021년 5월 3일

지은이 **윌리엄 길모어**
옮긴이 **이복기**
펴낸이 **심만수**
펴낸곳 **(주)살림출판사**
출판등록 1989년 11월 1일 제9-210호

주소 경기도 파주시 광인사길 30
전화 031-955-1350 팩스 031-624-1356
홈페이지 http://www.sallimbooks.com
이메일 book@sallimbooks.com

ISBN 978-89-522-1305-1 03910
978-89-522-0855-2 03910(세트)

* 값은 뒤표지에 있습니다.
* 잘못 만들어진 책은 구입하신 서점에서 바꾸어 드립니다.